*Ines Nandi*

AF190225

# BaumWeisheit

*Ines Nandi*

# BaumWeisheit

## *Ein Dialog zwischen Mensch und Baumwesen*

*Bibliografische Information der Deutschen Nationalbibliothek:*
*Die Deutsche Nationalbibliothek verzeichnet diese Publikation*
*in der Deutschen Nationalbibliografie; detaillierte*
*bibliografische Daten sind im Internet unter http://dnb.dnb.de*
*abrufbbar*

© 2017 Ines Nandi
Fotos: Ines Nandi
Herstellung und Verlag:
BoD – Books on Demand, Norderstedt

ISBN: 978-3-7448-9803-4

# Inhaltsverzeichnis

Hinweis                                                    6

Teil 1: Allgemeine Sätze                                   7

Teil 2: Wachstums-Gesetze                                  98

Teil 3: Entwicklungs- und Expansionsgesetze               153

# Hinweis

Dieses Buch ist eine Premiere und eine Neuauflage zugleich: Die essenziellen Botschaften der Bäume sind nämlich schon einmal veröffentlicht worden, und zwar unter dem Titel: „Wenn Bäume sprechen könnten." Der Berliner Verlag Pax et Bonum, hat zum Ende des Monats Juni 2017 seine Arbeit eingestellt, sodass die Autorin sich dazu entschloss, selbst eine Neuauflage herauszubringen. Sie nutzt diese Gelegenheit, um den ursprünglichen und ungekürzten Text zu veröffentlichen: Der erste Verleger hatte nämlich gewünscht, allein die Bäume zu Worte kommen zu lassen. So entfielen wichtige und schöne Passagen des Gesprächs. In der vorliegenden Fassung steht nun der lebendige Austausch zwischen Menschenwesen und Baumwesen über Themen des spirituellen Erwachens und der Neuen Zeit im Mittelpunkt.

# Teil 1

## Allgemeine Sätze

Fichten im Wald von Burgrieden

# Vorbemerkung

Eigentlich wollte ich in diesen Monaten des Frühjahrs und Sommers 2012 ein Buch über den spirituellen Erwachensprozess schreiben – genauer gesagt ein Buch für Menschen, die sich am Anfang dieses Prozesses befinden und nach Orientierung suchen. Am Ostermontag jedoch hörte ich abends in meinen Gedanken plötzlich eine Stimme, die zu mir sagte: *„Wenn der Sturm dich beutelt, sei biegsam."* Es schien dies ein Kommentar zu der Tatsache zu sein, dass ich gerade unter starken Verspannungen im Schulter- und Rückenbereich litt. Bald stellte sich heraus, dass die Stimme einer weisen Fichte aus dem Wald bei Burgrieden gehörte, das ist ein kleiner Ort in der Nähe meines Wohnortes Laupheim. Und es blieb nicht bei dem einen Satz, nach und nach diktierte der Baum mir die folgenden 24 Aussagen:

1. *Wenn der Sturm dich beutelt, sei biegsam*
2. *Fließe mit dem Wind*
3. *Verbinde dich tief mit der Erde*
4. *Recke deine Krone in den Himmel – auch du trägst eine*
5. *Es gibt keinen Tod, nur Das Leben*
6. *Kümmerlinge gedeihen schlecht*
7. *Guter Mut tut immer gut*
8. *Saurem Regen setz Stärke entgegen*
9. *Wenn Bäume dichten, wird niemand sie richten*
10. *Borkenkäfer sind weniger schädlich als Menschenlärm. Bitte respektiert uns!*

11. Mensch und Baum – mein großer Traum!
12. Wir wiegen uns im Winde und gleichen einem Kinde
13. Wir wachsen, wachsen, wachsen und machen niemals Faxen
14. Hochmut und Stolz sind niemals aus Holz
15. Bescheidenheit ist das schönste grüne Kleid
16. Nadelwald und Buchen sollst du immer suchen
17. Wer Birken pflanzt, wird keine Fichten fällen
18. Der schlimmste Feind des Waldes ist nicht der Förster, sondern der unbewusste Spaziergänger
19. Die Borke ist die Haut des Baumes. Ist sie gesund, ist der Baum nicht krank
20. Achte auf deinen inneren Flüssigkeitshaushalt. Achte auf deine Wurzeln!
21. Die Energien des Himmels heilen dich, die Energien der Erde halten dich gesund
22. Kraftprotze sind innerlich hohl und brechen beim nächsten Sturm auseinander
23. Lothar der Sturm imponiert keinem Wurm, denn der kriecht am Boden
24. Wer dem Orkan trotzt, den wird er fällen

Wie sich in diesen Tagen nach Ostern herausstellte, möchte die weise Fichte, die König des Waldes bei Burgrieden ist, mir zu allen den 24 Sätzen einen ausführlichen Kommentar übermitteln. Wer weiß, vielleicht kommt dabei ja in einer ganz anderen als der von mir ursprünglich intendierten Weise eine Einführung in den Weg des spirituellen Erwachens heraus?

Ich würde nun gerne wissen, was der Baum mir zu seinem ersten Satz mitzuteilen hat. Lieber Waldkönig von Burgrieden, was möchtest du hiermit sagen:

### *Wenn der Sturm dich beutelt, sei biegsam*

*Die Fichte:*
*Der Sturm steht für „Herausforderung", denn ein starker Sturm oder gar Orkan ist die größte Herausforderung in einem Baum-Leben. Wenn ein Baum sich nicht im Winde biegt und wiegt, dann kann er leicht abbrechen oder entwurzelt werden. Ihr Menschen denkt vielleicht, dass alle Bäume gleichartig seien und in gleicher Weise auf die Herausforderung eines Sturmes reagierten. Dem ist aber nicht so. Manche Bäume fallen um oder werden entwurzelt, andere aber nicht. Warum ist das so? Es liegt am Charakter des einzelnen Baumes. Ja, selbstverständlich sind wir Bäume nicht alle gleich, sondern jeder ist ein unverwechselbares Individuum. Du sträubst dich ein wenig, das aufzuschreiben, denn du denkst, dass Pflanzen keine Individualität haben könnten, da sie ein anderes, „niedrigeres" Bewusstsein hätten als ihr Menschen. Weit gefehlt! Die Wesen, die uns beseelen, die Devas, haben sogar ein sehr hoch schwingendes Bewusstsein! Also, es gibt Bäume, die keck und mutig sind, andere sind*

*etwas ängstlich und schüchtern, wieder andere trotzig-protzig, noch andere verhärten sich (ihr Holz) in einer Weise, dass es leicht splittert. Diese werden abbrechen, wenn ein starker Sturm daher fegt. Entwurzelt werden diejenigen, die ängstlich sind, weil sie es nicht wagen, so groß sie auch sein mögen, sich dem Wind in der angemessenen Weise entgegenzustellen. In der angemessenen Weise sich entgegenstellen aber heißt: Nicht kämpfen, sondern sich in genau der angemessenen Weise biegen und wiegen:*

**Nachgeben an der richtigen Stelle, fest stehen und sich wieder stabilisieren im richtigen Augenblick!**

*Dieser Lehrsatz, der für Bäume gilt, kann auch für euch Menschen hilfreich sein, und zwar auf verschiedenen Ebenen:*
*Zum einen auf der körperlichen. Eure Glieder verhärten sich und werden oft unflexibel, wenn ihr gegen die Herausforderungen des Lebens kämpft. Ihr nennt es „Stress", was euch zum Beispiel Verspannungen im Schulter- und Nackenbereich beschert. Ja, es ist in Wirklichkeit euer Kampf gegen das Leben, der euch solche Verhärtungen beschert. Hört auf zu kämpfen und geht mit dem Leben mit. Verwurzelt euch tief in der Erde und bewegt euren Körper sanft in genau der richtigen Weise. Von euren Fitness-Studios halten wir Bäume nicht viel. Die Übungen, mit denen ihr euch dort herumquält, führen eher zu Muskel-Verhärtungen als zu Biegsamkeit. Oft führen sie auch zu Verletzungen. Lasst euch von uns anleiten, wie ihr die Biegsamkeit eurer Körper wiederherstellen könnt – auf sanftem Wege! Unsere weiblichen Energien möchten euch sehr, sehr gerne die genau für jeden einzelnen Menschen*

*passenden Übungen inspirieren – öffnet euch bitte, bitte für sie!*

*Auf der psychischen Ebene bedeutet Biegsamkeit in den Herausforderungen des Lebens, dass ihr euch eure Gefühle erlaubt, dass ihr euch erlaubt sie zu fühlen. Lasst euren Emotionalkörper wie ein wohltemperiertes Klavier werden, aus dem alle Töne gleichermaßen in Reinheit herausschallen. Wenn ihr biegsam seid, wird das geschehen und ihr werdet aus dem Inneren heraus leuchten.*

*Auf der mentalen Ebene bedeutet Biegsamkeit, dass ihr immer genau zum rechten Zeitpunkt eure alten Glaubensmuster loslasst und sie durch Überzeugungen ersetzt, die der Neuen Zeit dienen. Auf diese Neue Zeit warten auch wir Bäume schon so sehr, sehr lange! Nicht erst seit gestern habt ihr Menschen ja vergessen, wer ihr wirklich seid und das hatte immense negative Konsequenzen auch für uns. Heute sieht immer noch die Mehrzahl der Menschen uns als tote Nutzobjekte an. „Nachwachsende Rohstoffe" nennen sie uns – es ist eine tiefe Beleidigung unserer heiligen Seelen!*

Ines:
Das empfinde ich schon seit einiger Zeit auch so. Ich möchte dich/euch alle für unsere Unsensibilität um Verzeihung bitten!

*Die Fichte:*
*Das weiß ich zu schätzen, vielen Dank. Um noch einmal auf eure Glaubensmuster zurückzukommen: Die alten schaden euch und uns allen und bedeuten Verhärtung. Nehmen wir ein Beispiel: Du denkst, du seist klein, unbedeutend und könntest nichts bewirken. Was ist die Folge: Du schneidest dir deine*

*eigenen Wurzeln zur Erde ab und fällst beim kleinsten Windstoß, der dir um die Nase bläst, um. Wenn du aber zu der neuen Überzeugung findest, die darin besteht, dass du deine wahre Größe an-erkennst, dann wachsen dir tiefe Wurzeln, deine Krone entfaltet sich hoch und weit und du kannst dich in den Herausforderungen des Lebens wiegen und biegen. Niemals wirst du mehr umfallen! Das nützt auch der Erde, der Natur, uns Bäumen. Denn dann handelst du auch entsprechend deiner Größe und tust die Dinge, die die Natur braucht. Du wirst ganz von alleine zu einer Hüterin der Erde.*

Ines: Danke! Im folgenden möchte ich deine Sätze nun nicht chronologisch abhandeln, sondern nach spontaner Wahl. Der Satz, der mich jetzt am meisten anzieht, ist der dritte:

### Verbinde dich tief mit der Erde

*Die Fichte:*
*Gut. Zunächst einmal möchte ich euch darauf hinweisen, dass ein Weg hin zur natürlichen Ernährung sehr, sehr viel mit eurer Verbindung zur Erde zu tun hat! Früchte, Beeren, Wurzeln, Kräuter, Gemüse, auch Getreide (Gräser) sind Produkte der Erde und nicht Produkte, die ihr den Tieren stehlt. Tiere zu „nutzen“ ist aus unserer, der Bäume, Sicht genauso pervers wie das Glück im Drogenrausch zu suchen. Es funktioniert auf Dauer nicht. Wenn du hingegen die Produkte der Erde isst und viel Wasser und guten Kräutertee trinkst, dann kommst du auch über deinen Körper der Erde wieder näher, jeden Tag ein Stückchen mehr.*

*Natürlich gibt es auch noch weitere Wege, auf denen ihr euch mit der Erde, unser aller Mutter, verbinden könnt. Einer geht über den **Weichen Atem**[1], ein anderer über das **Wurzeln wachsen lassen**. Dieses letztere ist für euch Menschen außerordentlich wichtig, denn es ist eine sehr einfache Methode um euch zu erden, um mit eurem Astralkörper vollständig in den physischen Körper hineinzugehen und um euren Kopf frei von negativen Verstandesgedanken zu bekommen, die euch von eurer wahren Größe weg lenken. Natürlich lasst ihr euch keine physischen Wurzeln wachsen, denn ihr seid keine Bäume. Aber ihr seid den Bäumen viel mehr verwandt als ihr heute denkt. Früher, als ihr noch mit eurer Seele mehr verbunden wart, wusstet ihr das noch. Heute, an der Schwelle eines neuen Zeitalters, das nicht nur für die Erde anbricht, erinnert ihr Erwachenden euch allmählich wieder daran: Ihr steht aufrecht wie die Bäume, eure Füße entsprechen unseren Wurzeln, eure Wirbelsäule unserem Stamm, euer Kopf unserer Krone. Über eure Füße seid ihr in Verbindung mit der Erde und über euren Kopf mit dem Kosmos. Eure Wirbelsäule stellt die Verbindung zwischen beiden dar und ihre Flexibilität und zugleich Aufrichtung ist entscheidend für eure spirituelle Entwicklung. Nun also, wie „macht" ihr dieses Wurzeln wachsen lassen? Natürlich „macht" ihr es gar nicht, sondern ihr lasst es geschehen. Im Stehen, im Sitzen – stellt beim Sitzen immer beide Füße auf den Boden, sitzt niemals mit übergeschlagenen Beinen – wann immer ihr daran denkt, erlaubt euren feinstofflichen Wurzeln tief, tief in den Boden zu wachsen. Ihr*

---

[1] Anmerkung von Ines: Hier geht es einfach darum, seinen Atem ganz natürlich und weich fließen zu lassen. Dazu setzt man sich bequem in einen Sessel oder auf einen Stuhl, oder man legt sich hin, und lässt sich in seinen Körper und in die Unterlage sinken.

*müsst dies wieder und wieder praktizieren, denn ihr schneidet euch durch negative Verstandesgedanken wie „Das kann ich nicht", „Ich bin viel zu klein um etwas zu bewirken", „Ich bin ein Versager auf der ganzen Linie", „Meine Werke sind nichts wert", „Ich bin nichts wert und unwürdig" ständig, wieder und wieder, eure kostbaren Wurzeln selber ab! Auf diese Tatsache möchte ich euch sehr, sehr eindringlich hinweisen. Am besten wäre es, wenn ihr mit dieser dummen Gedanken-Gewohnheit einfach gleich Schluss machen würdet, aber ich weiß, das geht nur in kleinen Schritten. Daher wisst, dass ihr jedes Mal, wenn ihr merkt, dass eure Wurzeln wieder fort sind, sie einfach nachwachsen lassen könnt, genau so, wie ihr auch physische Gliedmaßen, Organe, Zähne... nachwachsen lassen könnt. Das letztere ist aber ein eigenes Thema und soll erst später behandelt werden. Hast du noch Fragen?*

Ines:

Ja. Zum einen: Was nehmt ihr Bäume über eure Wurzeln aus der Erde auf? Zum anderen: Was nehmen wir Menschen über unsere feinstofflichen Wurzeln auf?

*Die Fichte:*
*Die Antwort auf Frage 2 hast du dir gerade in Gedanken schon selbst gegeben: Lebensenergien! Auf der feinstofflichen Ebene tun wir Bäume das natürlich ebenfalls. Und auf der physischen Ebene nehmen wir Wasser und Mineralien auf, wie euch Menschen auch bekannt ist.*

Ines:

Kannst du mir über die Lebensenergien aus der Erde etwas mehr sagen?

*Die Fichte:*
*Gerne. Im Unterschied zu der Lebensenergie, die wir alle über den Kosmos aufnehmen, verbindet uns die Energie, die wir über unsere Wurzeln aus der Erde beziehen, mit diesem Planeten und allen seinen Lebensformen, denen er Heimat ist. Da wir alle ständig auch verbrauchte Energien an den Planeten abgeben, ist sein Körper wie ein großes Energiereservoir, in dem die Energien aller Lebensformen recycelt werden, um einmal euren modernen Ausdruck zu gebrauchen. Sie werden in einem einzigen großen Pool vereinigt und wenn wir sie über unsere feinstofflichen Wurzeln aufnehmen, dann haben wir Teil an der Erde und an den Energien sämtlicher Pflanzen- und Tier-Brüder und -Schwestern, die sie bewohnen.*

Ines:
Vielen Dank für diese wunderbare Information! Nun möchtest du mir etwas über deinen Scherz mitteilen – Satz 9:

**Wenn Bäume dichten, wird niemand sie richten**

*Die Fichte (lächelnd):*
*Ich habe ein paar Reime in meine Sätze hereingebracht und das hat mir großen Spaß gemacht. Ich sehe, das reimt sich „rein zufällig" wieder. Zu diesem kleinen Scherz lassen sich ein paar ernste Dinge sagen:*
*Erstens: Auch wir Bäume haben Humor! Wenn wir des Nachts allein im Wald herumstehen, erzählen wir uns, flüsternd im*

*Winde, am liebsten... Menschenwitze. Das ist kein Scherz, es ist wirklich so. Kein Lebewesen auf der Erde fasziniert und interessiert uns so sehr wie der Mensch, kein Lebewesen befremdet uns so sehr. Ihr seid mit Abstand die kurioseste Spezies, die wir kennen. Soll ich dir meinen liebsten Menschenwitz erzählen?*

Ines:
Aber gerne, ich bin gespannt.

*Die Fichte:*
*Ein Pärchen, frisch verliebt, geht im Wald spazieren. Alle zwei Meter bleiben sie stehen, um sich zu umarmen und zu küssen. Ein kleines Buchenkind fragt eine alte, weise Buche:*
*„Opa, was machen die da?"*
*Sagt die alte Buche:*
*„Sie proben fürs Samen abwerfen."*

Ines:
Kicher...

*Die Fichte:*
*Schön, dass du dich amüsieren lässt. Jetzt komme ich zum zweiten Punkt: das Urteilen und Verurteilen, das unter Menschen üblich ist. Auch die Selbstverurteilung. Wenn nämlich kein anderer euch verurteilt, dann tut ihr es selbst. Wir Bäume haben noch nie geurteilt und gerichtet. Wenn also eine alte Fichte wie ich zusammen mit einer Menschenfrau das Dichten ausprobiert, dann richtet sie kein Baum dafür. Im Gegenteil – meine Mitbäume waren alle sehr neugierig, als sie*

*von meinen Sätzen und Reimen erfuhren. Auch kein Mensch wird mich verurteilen – so hoffe ich jedenfalls – denn der Dichter ist ja nur ein Baum, von dem kann man kein Goethe-Niveau erwarten. Menschen hingegen, wenn sie schreiben, insbesondere, wenn sie Lyrik schreiben, bekommen Label aufgeklebt von „klassisch, groß" bis „banal, Binsenweisheiten", „schlecht gereimt". Konkurrenz gibt es im Walde nicht. Ja, ihr Menschen denkt, dass die jungen Bäume untereinander und mit den alten um das Licht konkurrieren, dem ist aber nicht so. Wir alle streben zur Sonne, ja, aber wir bekämpfen uns deswegen nicht! „Survival of the fittest" ist eine menschliche Interpretation, die ihr der Natur überstülpt. Wir bewerten nicht. Und drittens: Es ist für mich ein tiefes Glück, dass ich mit dir zusammen schreiben darf. Dass ich deine Übersetzungen meiner Baumsprache in die menschliche Sprache Deutsch miterleben darf und das sogar stellenweise in Reimform. Ich schätze mich wirklich sehr glücklich deswegen. Und darum möchte ich, wenn du magst, gleich meinen Kommentar zu Satz 11 anfügen:*

### Mensch und Baum – mein großer Traum!

*Es geht mir um unsere Partnerschaft, nicht nur punktuell, sondern allgemein und auf globaler Ebene. Ich weiß, wir sind noch weit entfernt von solch einer globalen Partnerschaft von Spezies zu Spezies, aber ihr, die ersten erwachenden Menschen, die uns wieder spüren und hören können, macht uns großen Mut. Ich finde es wundervoll, dass ihr beginnt, beim Wald, bei uns Bäumen, in die Lehre zu gehen und dass vor einigen Wochen von einer hellsichtigen jungen Frau[2] das* **Potenzial für Waldschulen** *gesehen wurde. Waldkindergärten gibt es ja schon, und wir freuen uns riesig über jedes Neue Kind, das zu uns kommt, und sei es auch nur für ein paar Monate. Zwar werden diese Waldkindergärten meist nicht von Erwachenden, sondern von Menschen betrieben, die sich weitgehend noch im alten Bewusstsein befinden, aber die Anwesenheit dieser Kinder in unseren Reihen ist ein großer Gewinn für uns. Wir können ihr Licht und ihre Energien spüren und das tut uns gut. Andererseits können eure Kleinen viel, sehr viel von uns für ihr Leben lernen. Sie können vor allen Dingen – dies zurzeit noch auf der Ebene ihres Höheren Bewusstseins – die* **Gesetze des Wachstums** *von uns erfahren und erlernen. Ich meine hiermit vor allem die Gesetze des inneren Wachstums, des spirituellen Wachstums also. Jedes einzelne Kind, das einmal in einem Waldkindergarten war, wird seinen eigenen innewohnenden großen Reichtum früher erkennen als andere. Es wird intuitiv wissen, was ein Leben im Einklang mit der Natur, im Einklang mit den inneren und äußeren natürlichen Rhythmen, bedeutet. Ihr erwachenden Erwachsenen, denen in der Regel dieses Wissen schon sehr früh abtrainiert wurde, müsst dies erst wieder in einem längeren Prozess lernen. Für manche von euch ist das ziemlich mühsam. Das ist aber kein Grund zum Verzweifeln. Im Samen eines Baumes ist das Potenzial für den ganzen Baum enthalten, und doch kommt zuerst ein winziger Keimling aus dem Boden hervor, ein zartes Pflänzchen entwickelt sich und wächst nach seinen eigenen Gesetzen und nach den Gesetzen seiner Art Tag für Tag, Jahr für Jahr, immer weiter.*

---

[2] Lea Hamann, www.leahamann.de

*Lernt von uns Bäumen, dass „Rom nicht in einem Tag erbaut wurde".* *Viele von euch spirituellen Menschen träumen von einem ganz großen Erleuchtungs-Erlebnis, das sie mit einem Schlage vollkommen – vielmehr, perfekt – macht und von all ihren Fehlern und Schwächen befreit. Das ist eine Illusion. Die sogenannte Erleuchtung ist nicht ohne einen vorhergehenden langen Wachstumsprozess möglich und zu diesem Wachstum gehört, dass ihr lernt, euch selbst immer mehr anzunehmen. Ein Baum, der wächst und Äste und Zweige und Blätter und Früchte austreiben lässt, nimmt sich selbst vollständig an, so wie er ist. Er mäkelt nicht an seinem Stamm herum, weil der vielleicht schief gewachsen ist, da er ständig einem Nordwind ausgesetzt ist. Er mäkelt nicht daran herum, wie seine Krone geformt ist und dass manche Äste kräftiger und länger sind als andere oder krummer oder gerader.* **Ein Baum ist der er ist. Jeder einzelne Mensch ist der er ist, aber im Gegensatz zu uns habt ihr das vergessen.** *Manchmal weinen wir innerlich, wenn wir sehen und spüren, wie sehr ihr, diese wundervollsten aller Wesen auf diesem Planeten, euch selbst hasst, missachtet, misshandelt und verkennt. Ich möchte hier nicht über eure Religionen sprechen, die diesen Selbsthass befördern, aber ich möchte euch zu einer Heiligen Allianz mit uns, den Bäumen aufrufen! Es gab diese Heilige Allianz in den Kindertagen der Menschheit, in Lemurien. Es gab sie in Avalon. Es gab sie noch bei den Kelten und in rudimentärer Form bei den Germanen. Der aus unserer Sicht eher unheilige Bonifatius des Christentums fällte eine ihrer heiligen Eichen, wie du weißt. Der sich selbst entfremdete moderne Mensch sieht die Natur, sieht unser aller Mutter, die Erde, als Nutz- und Ausbeutungsobjekt an. In Wirklichkeit* *beutet er sich selbst aus, vergewaltigt er sich selbst, indem er die Natur in dieser Weise erniedrigt. Denn was ihr anderen antut, das tut ihr immer auch euch selbst an!*

Ines:
Wie Recht du hast…

*Die Fichte:*
*Unser Wunsch, nicht nur meiner, ist die Wiederherstellung der alten* **Heiligen Allianz zwischen Mensch und Baum in der Neuen Zeit.** *Umarme gelegentlich den Ginkgo in deinem Garten, dann umarmst du auch mich und jeden anderen Baum auf dieser Erde. Wir sind alle miteinander aufs Innigste verbunden. Was den Ginkgo betrifft, so ist er eine sehr, sehr alte und besonders weise Art und ich finde es wunderbar, dass in deinem Garten einer steht.*

Ines:
Kannst du zu dieser neuen Heiligen Allianz etwas mehr sagen?

*Die Fichte:*
*Wir wünschen uns, dass immer mehr erwachende Menschen zu uns kommen und bei uns in die Schule gehen. Wir wünschen uns, dass diese Menschen in einem wachsenden Bewusstsein der tiefen Verbundenheit zwischen unseren beiden Spezies zu uns kommen. Ihr braucht keine Organisation zu gründen, die sich „Allianz zwischen Mensch und Baum" oder ähnlich nennt. Eine solche Organisation wäre überflüssig und sogar störend. Es kommt auf das erwachende Bewusstsein jedes einzelnen Menschen an, auf die Liebe und Verbundenheit jedes*

*einzelnen. Immer, wenn ihr einen Baum umarmt, wird diese Verbundenheit und gegenseitige Liebe besonders spürbar, nicht nur für euch, sondern auch für uns. Wir finden es schön, dass es immer mehr Menschen gibt, die Bäume umarmen, auch wenn andere sie deswegen „spinnert" finden.*

Ines:
Wenn wir einen Baum umarmen, aktivieren wir also sozusagen diese Heilige Allianz?

*Die Fichte:*
*Ganz genau. Es ist ein sehr einfacher Weg, nicht wahr? Alles Große ist einfach. Ein anderer schöner Weg zu uns besteht darin, dass ihr zu unseren Füßen nieder sitzt und uns zuhört. Oder dass ihr euch an uns anlehnt und unserem Flüstern lauscht. Ihr könnt uns auch, so wie du, anhören, wenn ihr gar nicht körperlich bei uns seid. Wir sind ja alle auch energetisch aufs Engste miteinander verwoben, nämlich, wie ich schon sagte, über die feinstofflichen Wurzeln unter euren Füßen. Und natürlich über die Verbindung zum Himmel durch unsere Kronen.*

Ines:
Ja, es ist ganz wunderbar, wie ich gerade jetzt deine liebevolle und weise Energie spüren kann.

*Die Fichte:*
*Und ich spüre die deine genauso. Ja, auch du besitzt eine liebevolle und weise Energie und ich bin so froh, dass es immer mehr erwachende Menschen gibt, die sich dieser ihrer*

eigenen Energie bewusst werden. Die den alten Selbsthass ablegen und die alten Denkmuster von Selbsterniedrigung und Angst. Glaube mir, je mehr ihr Menschen in eure ureigene Freiheit geht, die euer Geburtsrecht ist, desto besser geht es uns Bäumen, geht es den Wäldern, geht es Mutter Erde und ihrer ganzen Natur! Es geht nicht darum zu kämpfen und gierige Konzerne anzuprangern, es geht noch nicht einmal darum zu spenden, damit Regenwald erhalten bleibt. Es geht um die Herstellung einer immer innigeren Verbindung jedes einzelnen Menschen mit jedem einzelnen Baum auf dieser Erde und ihr werdet sehen, dass der Planet zusehends gesunden wird. Denn die Heilige Allianz zwischen Mensch und Baum, die wir anstreben, ist ein Bündnis für die Heilung der Erde und aller Wesen, die auf ihr ihre Heimat haben. Willst du, liebe Ines, ganz persönlich, diese Heilige Allianz mit uns eingehen?

Ines:
Ja!

Die Fichte:
Ich danke dir. Wir danken dir. Alles andere wird sich von selbst ergeben.
Nun möchte ich noch einen weiteren Punkt hier hereinbringen. Es geht um meinen eigenen Wald bei Burgrieden. Du hast gesehen, dass er kein sehr „natürlicher" Wald ist, sondern zu einem großen Teil aus Fichten besteht, die in Reih und Glied angepflanzt wurden und regelmäßig abgeholzt werden. Ein sogenannter Nutzwald also, mit nur ein paar Buchen und anderen Laubbäumen darin, alles andere als ein gesunder

*Urwald. Du aber kannst aus deinem erwachenden Bewusst-sein heraus sehr, sehr viel für uns tun! Einfach, indem du diese Allianz mit dem Wald eingegangen bist, indem du häufig an uns denkst, indem du mit uns zusammen atmest. Wir können wirklich zusammen atmen. Du kannst mit der Erde atmen, du kannst mit der Natur atmen, du kannst mit den Bäumen atmen, du kannst mit unserem kleinen, kranken Wald atmen. Wir atmen ja auch! Komplementär zu euch, atmen wir Kohlendioxid ein und Sauerstoff aus. Also, bitte atme mit uns, bitte atmet mit uns, atmet mit allen Wäldern, die wie der unsere vom Menschen zu Ausbeutungszwecken angelegt wurden, damit wir trotz dieses Missbrauchs gesund werden können!*

Ines:
Das werde ich tun und ich bin sicher, dass viele Menschen, die dieses lesen werden, es auch tun.

*Die Fichte:*
*Danke euch!!! Hier schließt sich mein siebter Satz nahtlos an:*

## Guter Mut tut immer gut

*„Guter Mut", das hat nicht viel mit dem zu tun, was ihr als „positives Denken" bezeichnet. Guter Mut aus meiner Sicht, das ist eine innere Haltung, die sehr kraftvoll ist, eben weil sie sich der eigenen inneren Größe bewusst ist. Was ein rechter Baum ist, der kennt seine eigene Größe, auch wenn er noch ganz klein ist. Er kennt sie schon als Keimling, denn er weiß im wahrsten Sinne des Wortes, was in ihm steckt. Er kennt sein ganzes Potenzial, das er auf die Erde bringen kann – wenn er*

*sich nicht entmutigen lässt. Ja, auch unter uns gibt es manchmal Kümmerlinge, die vor lauter Kummer und Sorgen nicht richtig wachsen wollen. Ich möchte meinen Satz 6*

## Kümmerlinge gedeihen schlecht

*daher mit behandeln, denn diese beiden Sätze gehören zusammen. Wenn sich ein junges Bäumlein schon früh Sorgen macht, ob es in einer bestimmten Umgebung überleben kann, dann gräbt es sich sein eigenes Grab. Ja, schreib das so, wenn es dir auch merkwürdig vorkommt, dass ich so formuliere. Ein Bäumlein, das Angst hat zu wachsen, wird früh sterben. Denn in der Tat, die Sorge ums Überleben kommt aus der Angst vor dem Wachsen.*

Ines:
Gibt es wirklich Bäume, die Angst vor dem Wachsen haben? Ich glaubte, das sei nur unter Menschen so üblich.

*Die Fichte:*
*Es kommt tatsächlich vor, dass Bäume „menschliche" Eigenschaften entwickeln, und zwar hauptsächlich in den vom Menschen „kultivierten" Wäldern. Ihr färbt ab auf die Tiere und auch auf die Pflanzen, die zu nahe an euch dran sind. Aber natürlich, du sagst es, die Angst vor dem Wachsen – vor dem inneren, spirituellen Wachsen – ist eher bei euch Menschen üblich. Das spirituelle Wachstum beinhaltet ja, dass ihr immer wieder Altes loslasst, hinter euch lasst, um Neues werden zu lassen. Ein Baum lässt immer wieder seine alte Form hinter sich und nimmt eine neue an. Er senkt seine Wurzeln*

*immer tiefer und weiter in die Erde, er treibt neue Äste und Zweige aus, verändert die Gestalt seiner Krone.* Auch der Körper des Menschen wächst und verändert sich, aber der Mensch ist fast nie mit seinem Körper einverstanden. Auf der anderen Seite klammert er sich an seine alten Denkgewohnheiten wie ein Ertrinkender an den Strohhalm. Und eure alten Denkgewohnheiten sind die von Kümmerlingen! Ihr käut ständig entweder die Vergangenheit wieder, oder ihr macht euch Sorgen um die Zukunft. Eure sogenannten Hoffnungen sind auch nicht besser, denn sie sind nichts weiter als verkappte Ängste.

Ines:
Jetzt klingst du beinahe zornig.

*Die Fichte:*
*Nein, es macht mich traurig. Traurig, weil so wunderbare Wesen sich selbst so schlecht sehen können. Daher gedeihen die meisten von euch so schlecht in dem stickigen Klima, das ihr um euch herum erschafft. Ihr habt kaum Luft zum Atmen. Eure Ängste drücken euch nieder. Dabei habt ihr – du darfst hier sinngemäß euren alten Meister Karl Marx zitieren, auch wenn er ein Materialist war – „nichts zu verlieren als eure Ketten, aber eine Welt zu gewinnen". Eure Ketten sind eben diese alten Denkgewohnheiten, die euch klein und ohnmächtig machen, weil sie euch für klein und ohnmächtig erklären. Ich kann nicht aufhören, das zu wiederholen und werde es noch oft sagen. Die Welt, die ihr zu gewinnen habt, ist die wahre Erde, die Erde, wie sie gedacht war, mit den Menschen, wie sie gedacht waren! Warum nicht guten Mutes sein, dass euch das*

gelingen kann? Was habt ihr denn wirklich zu verlieren außer Angst und Sorgen und Mangel? Ist es wirklich so lustig, ein Kümmerling zu sein? Hast nicht du, Ines, allmählich mal dein Näschen voll davon?

Ines:
Ja!!!

Die Fichte (lächelnd):
Gleich drei Ausrufezeichen. Nun, dann mache doch auch gleich Nägel mit Köpfen und ziehe dir das Gewand des guten Mutes an! Es ist dies ein wunderbares Festtagsgewand aus Samt und Seide und mit bunten Perlen und Edelsteinen bestickt. Ziehe dir dieses Gewand deiner Seele an und fühle deine wahre Größe und deine wahre Bestimmung! Diese besteht nicht darin, dass du etwas „tun sollst". Du bist aufgefordert, ein MENSCH zu sein. Lasse dir darum auch JETZT wieder tiefe Wurzeln wachsen! Ein MENSCH hat Wurzeln, die bis ins Innerste von Mutter Erde hinein reichen. Ohne diese Wurzeln kein Guter Mut, denn ohne diese fällst du einfach um. Guter Mut bringt Freude mit sich. Freue dich des Lebens! Sag ja zur Erde, sag Ja zu deiner eigenen Existenz. Wenn du das tust, ergibt sich alles andere ganz von selbst – als Geschenk der Erde und als Geschenk von deiner Seele.

Ines:
Bitte erkläre mir noch weiter, was einen MENSCHEN ausmacht.

Die Fichte:

Ein MENSCH kennt selbstverständlich seine eigene Größe und freut sich an sich selbst. Er liebt sich selbst in ganz natürlicher Weise. Er weiß, welche Verpflichtung er sich selbst gegenüber hat, nämlich stets auf allen Ebenen gut für sich zu sorgen. Es gibt nur wenige, auch unter den Erwachenden, die dies heute schon tun, daher möchte ich euch immer wieder dazu ermutigen. Ein MENSCH, kurz gesagt, hat seine Wurzeln tief in der Erde, steht Guten Mutes aufrecht und reckt seine Krone in den Himmel wie ein BAUM. Ein Kümmerling hingegen verdorrt auf dem Stängel. Also, was wollt ihr wirklich SEIN?

Im Anschluss möchte ich meinen zweiten Satz behandeln, der lautet:

### Fließe mit dem Wind

Zunächst einmal: Der Wind fließt tatsächlich. Genauer gesagt, die Luft fließt aus den Bereichen Hohen Drucks in die Bereiche niederen Drucks. Sagen das nicht auch eure Meteorologen? Ich müsste mich sehr irren, wenn es nicht so wäre; wir nehmen dies so wahr. Fließe mit dem Wind. Diese Aufforderung geht an euch Menschen, denn wir Bäume tun das schon. Wir wiegen und wir biegen uns, wir tanzen im Wind. Das ist die Form, wie wir mit ihm fließen und dabei unsere eigenen Energien in uns fließen lassen. Für euch Menschen meine ich mit „Wind": die Herausforderungen des Lebens. Auch sie ähneln manchmal heftigen Windstößen und es gilt für euch, nicht wegzubrechen und euch auch nicht entwurzeln zu lassen. Wie könnt ihr dann damit umgehen? Ich wies schon darauf hin: **Hört auf zu kämpfen!** Wenn ihr den

*Herausforderungen starren Widerstand entgegensetzt, werden sie euch besiegen. Wenn ihr aber mit ihnen fließt, werden sie euch stärker machen als je zuvor. Es geht hierbei um eure innere Haltung, die wie immer das Entscheidende ist. Nehmen wir zum Beispiel eine Frau, die, ähnlich wie du in diesen Tagen, starke Schulter- und Rückenverspannungen hat. Sie kann sich dagegen stemmen, kann die daraus resultierenden Schmerzen als lästig und unangenehm empfinden und sie möglichst schnell weg haben wollen. Das bedeutet: eine Haltung des Widerstandes einnehmen, also kämpfen. Resultat: Die Schmerzen werden sich immer mehr verstärken. Die Frau schneidet sich ihre eigenen Wurzeln ab und leidet, verharrt also im Alten, in der alten Energie. Die Alternative ist: mit der Herausforderung fließen und somit die eigenen Energien ins Fließen bringen. Dabei geht es zunächst einmal ums Loslassen. Den Widerstand aufgeben. Die Verspannungen bauen sich nämlich zu einem großen Teil selber aus Widerstand auf. Dann geht es ums Atmen. Hier hilft wirklich das Weiche Atmen, ob du es jetzt glauben magst, oder nicht. Stelle dir dabei vor, da sind ängstliche, verkrampfte Seelenanteile, die sich in Panik an deine Schultern und an deinen Rücken anklammern. Sie dürfen weich werden und von dort abfallen – direkt in die Arme deiner Seele hinein. Solche Anteile brauchen sehr viel Liebe, ehe sie das Vertrauen entwickeln, das es ihnen ermöglicht, dies zu tun. Dein weicher Atem kann wie ein lauer, liebevoller Sommerwind sein, der in deinen Körper sanft ein- und wieder ausströmt. Dieser Atem streichelt auch die ängstlichen Anteile, die sich am Alten festhalten wollen. Mit der Zeit werden sie heimkehren in die Seele! Drittens: Die innere Haltung, die dazu gehört, ist eine Haltung der*

*Achtsamkeit sowie des Respekts und der Liebe dir selbst ge-*
*genüber. Wir Bäume wünschen uns nichts sehnlicher, als dass*
*immer mehr Menschen eine solche Haltung einnehmen!*

Ines:

Kannst du noch ein wenig genauer erklären, was du unter „mit dem Wind fließen" verstehst?

*Die Fichte:*

*Ich meine damit, dass ihr Menschen einerseits eure eigenen Energien fließen lasst und andererseits im großen kosmischen Strom mit fließt. Auch hierbei kann euch wieder der Atem helfen, der ja selber mit strömender Luft umgeht. ALLES fließt und ist stets im Wandel begriffen – auch wir Bäume. Wir wachsen stetig weiter und verändern uns, setzen in jedem Jahr unsere Blätter an den Zweigen auf neue Weise an. Das ist unsere eigene Weise, im großen Energiestrom mitzufließen. Ihr Menschen dürft es wieder anders machen: Für euer Wachstum ist es in dieser Zeit wichtig, dass ihr vom Alten lasst und das Neue annehmt. Ohne vom Alten zu lassen könnt ihr nicht fließen. Wenn ihr euch aber innerlich für das Neue öffnet, dann werdet ihr ein Teil der Neuen Energie und wachst im Einklang mit den kosmischen Gesetzen. Ihr werdet ein Teil des Einen Großen Flusses. Das wirkt sich früher oder später dann auch in eurem Alltagsleben aus.*

Ines:

Hat vielleicht das Wurzeln wachsen lassen auch etwas mit diesem Fließen zu tun?

*Die Fichte:*

*Eine gute Frage. Oh ja, es hat sogar sehr viel damit zu tun. Denn wenn euch die Wurzeln fehlen und ihr also energetisch umfallt, wie soll dann etwas in und durch euch fließen können? Damit Energie fließen kann, ist es unbedingt notwendig, dass ihr tiefe Wurzeln in der Erde habt, und dann könnt ihr auch meinen vierten Satz befolgen:*

## Recke deine Krone in den Himmel – auch du trägst eine

*Recke deine Krone in den Himmel. Das ist zunächst einmal eine Goldene Regel für uns Bäume. Mit unserer Krone nehmen wir die lichtvollen Energien aus dem Kosmos auf und speichern sie dann in unserem ganzen Organismus. Die Informationen, die darin enthalten sind, finden sich schließlich auch in unserem Holz wieder, letztendlich in unserem Erbgut. Was ein einzelner Baum im Laufe seines Lebens an Energien und Informationen aufgenommen und gespeichert hat, das nimmt er nach seinem Tode mit in seine nächste Verkörperung.*

*Recke deine Krone in den Himmel. Auch du trägst eine. Das ist unsere Aufforderung auch an euch Menschen. Eure Krone ist zunächst einmal euer Kopf, und zum Zweiten trägt ein jeder und eine jede von euch eine energetische Krone auf diesem Kopf. Sie wächst euch dort, wo als Baby eure Fontanelle war. „Fontanelle" bedeutet „kleine Quelle" und in der Tat sprudelt diese Krone wie eine kleine Quelle aus eurem Kopf hervor. Immer. In allen euren Leben, egal, ob ihr „gut" oder „böse" seid, ihr tragt diese Krone. Sie macht immer für alle Wesen sichtbar, wer ihr wirklich seid, nämlich Kinder Gottes, Kinder des Lichtes. Nun bitten wir Bäume euch Menschen, euren Kopf ganz bewusst in den Himmel wachsen zu lassen, ihn hoch zu tragen und nicht verzagt-gesenkt. Nicht, dass wir euch dazu auffordern würden, die Nase hoch zu tragen, also hochmütig zu sein. Nicht das Kinn sollt ihr anheben, sondern den höchsten Punkt am Hinterkopf zum Himmel wachsen lassen. Dabei senkt ihr das Kinn sogar ein klein wenig. Diese Haltung hilft euch dabei, euch mehr Eins mit euch selbst zu fühlen – natürlich nur dann, wenn zugleich der Wurzelkontakt zur Erde stimmt. In dieser Haltung könnt ihr dasselbe tun wie wir Bäume, nämlich die kosmischen Energien und Informationen in euch aufnehmen und speichern. Ihr braucht diese Haltung in der heutigen Zeit mehr denn je, denn es wollen unzählige Informationen aufgenommen sein, Unmengen an Energie an-genommen werden.*

Ines:
Ich kenne diese Haltung aus dem Qigong und ich weiß von dem Krönchen, der kleinen Quelle auf unserem Kopf, durch die Meisterin Sabine Wolf. Aber was du zuletzt gesagt hast, ist mir neu. Kann man nun umgekehrt auch sagen, dass wir keine oder nur wenige Energien und Informationen aus dem Universum aufnehmen können, wenn wir unsere höchste Stelle *nicht* zum Himmel wachsen lassen?

*Die Fichte:*
*Du sagst es. Die Energien und die Informationen, die euch helfen wollen, fließen ungenutzt an euch vorbei und hinab in die Erde. Ihr funktioniert dann sozusagen wie ein Blitzableiter. Die Erleuchtung wird von euch abgeleitet.*

Ines:
Wenigstens erhält sie dann die Erde.

*Die Fichte:*
*Diese Energien und Informationen sind speziell für euch Men-*
*schen bestimmt. Die Erde kann mit ihnen nicht viel anfangen;*
*sie gibt sie zurück an den Kosmos. Mutter Erde erhält ihre*
*eigenen Geschenke aus dem Universum. Im Gegensatz zu den*
*meisten von euch nimmt sie sie an.*

Ines:
Umso wichtiger ist es, dies zu wissen und für sich selber
anzuwenden. Ich werde diese Qigong-Haltung nun öfter üben!
Aber eine Frage: Um was für Energien und Informationen handelt es sich denn?

*Die Fichte:*
*Das ist mit Worten nicht zu beschreiben. Die Energien sind*
*sehr hoch schwingend und dienen eurer Transformation auf*
*allen drei Ebenen: körperlich, emotional, geistig. Für die In-*
*formationen gilt dasselbe. Sie zielen, wie bei uns Bäumen, auf*
*eure DNA ab, das heißt, sie wollen dort gespeichert sein. Es*
*sind große Dinge im Gange! Solange sich allerdings ein*
*Mensch im alten Bewusstsein befindet, solange lebt er in*
*großer Angst vor all diesen Veränderungen und aus dieser*
*Angst, ja, Panik heraus entwickelt er schwere Krankheiten*
*oder zieht Unfälle oder „Schicksalsschläge" aller Art in sein*
*Leben. Unbewusst natürlich, denn wer wählt oder erschafft*
*schon bewusst Katastrophen? Nur ein erwachender Mensch*
*kann die neuen Energien, die Neue Energie, für sich nutzen,*

*kann die spirituellen Informationen für sein weiteres Wachstum und für sein fortschreitendes Erwachen nutzen. Das läuft jedoch nicht über den Verstand. Die Informationen, die ich meine, sind nicht sprachlich formulierbar, sondern erreichen euch teils in der Form von Symbolen, teils in der Form von einer Art Musik, teils in der Form von einer Art mathematischen Formeln. Ich weiß dies so genau, weil auch wir Bäume diese Art von Informationen erhalten, nur sind diese auf uns Bäume abgestimmt und die Informationen für Menschen sind auf euch Menschen abgestimmt. Logisch, oder? (lacht sehr) Eines kann ich dir aber sagen: In welcher Gestalt auch immer diese Informationen euch und uns erreichen, sie haben alle dasselbe Ziel und das ist: LIEBE und FREUDE zu vermitteln.*

Ines:
Von welchen Kräften im Kosmos kommen diese Informationen her?

*Die Fichte:*
*Von der Sonne, von den Sternen, auch vom Mond. Und dann natürlich von den Engelscharen, was aber eigentlich dasselbe ist. Himmelskörper sind, wenn man es genau nimmt, nichts anderes als inkarnierte Engel. Nur hat ihr Körper die Gestalt eines Sterns, das ist alles. Da wir gerade vom Kosmos und den Engeln sprechen, lass uns jetzt den fünften Satz betrachten:*

### Es gibt keinen Tod, nur Das Leben

*Was bedeutet das für einen Baum? Da denken wir zunächst einmal an die vier Jahreszeiten, denen alles Leben in den „Ge-*

*mäßigten Zonen" dieses Globus unterworfen ist. Der Winter repräsentiert den „Tod", der Frühling die „Auferstehung", der Sommer die „Blüte des Lebens", der Herbst die „Frucht des Lebens" und das „Sterben". Genauso kannst du im Kleineren an den Ablauf eines Tages denken: die Nacht, der Morgen, der Mittag und frühe Nachmittag, der späte Nachmittag und Abend... Immer handelt es sich um Zyklen von Tod, Wiedererwachen, Blüte/Frucht und erneutem Sterben, im Kleinen wie im Großen. Im noch Größeren sind es die Zyklen der so genannten Reinkarnation, in denen sich alles Leben auf der Erde vollzieht, auch das Leben der Pflanzen, auch das Leben der Bäume. Ich selbst ging einst vor Jahrmillionen als Riesenschachtelhalm zum ersten Mal in eine baumartige Verkörperung. Wer/was aber Bin Ich wirklich, diese gar nicht mal so alte Fichte, die dir diese Botschaften übermittelt? Ich Bin ein Funke vom Feuer Gottes wie du, ein Tropfen aus der Göttlichen Quelle wie du, nur dass meine Seele von euch „Deva" genannt wird. Devas sind die Seelen der Pflanzen und sie kommen genau, ganz genau so aus dem Göttlichen Alles und Nichts wie die Tierseelen und die Menschenseelen, ja, natürlich auch die Seelen der Kristalle und Steine/Felsen. Wir alle sind Brüder und Schwestern, du weißt es inzwischen schon ziemlich genau auch mit dem Herzen, aber ich muss es noch einmal betonen. Im Gegensatz zu euch Menschen aber haben wir Bäume, wir Pflanzen, Tiere und Steine, das Wissen um unsere Herkunft nicht vergessen. Wir haben keinen Verstand wie ihr, was aber nicht bedeutet, dass wir nicht intelligent wären, im Gegenteil. Wir haben den direkten Zugang zur Göttlichen Intelligenz – immer! Nur diejenigen von uns, die von euch Menschen mehr oder weniger massiv* missbraucht werden, haben manchmal einen Teil dieses Zugangs verloren, was dazu führt, dass sie ähnlichen Ängsten wie ihr unterworfen sein können.

Ines:

Bedeutet das, dass ihr Wesen in der Natur euch immer der Tatsache bewusst seid, dass es keinen „Tod" gibt, sondern einfach nur Wandel, Übergang vom Morgen in den Mittag in den Abend in die Nacht und wieder in den Morgen…?

*Die Fichte:*
*Genau so ist es. Wir wissen dies natürlich nicht mit einem „Kopf", sondern in einem Wissen, das zugleich tiefer und höher ist als der Verstand des Menschen. Wir SIND in der Einheit, wir SIND einfach und wir kennen keine „Zeit", sondern nur den Zyklus. Was ich dir hier übermittle, übermittle ich natürlich nicht in menschlicher Sprache, sondern meine Deva sendet dir bestimmte kosmische Zeichen oder Bilder, die dein Sprachzentrum auf dem Umweg über deine rechte, „weibliche", Hirnhälfte erreichen und von ihm (deinem Sprachzentrum) dekodiert und „übersetzt" werden. Dein Hirn ist inzwischen so weit entwickelt, dass Links und Rechts, Männlich und Weiblich, wunderbar kooperieren. Durch deine Arbeit mit mir wird dabei nicht nur die Zusammenarbeit der beiden Hälften befördert, sondern mit der Zeit die vollständige Verschmelzung der männlichen mit der weiblichen Seite. Ein Hirn, ein Mensch. Dies zum besseren Verständnis dessen, was hier zwischen uns beiden abläuft.*

*Nun also, wir, die Bäume, wissen um Das Leben und darum stehen wir ganz einfach dort, wo wir uns einmal selbst ver- wurzelt haben – oder wohin ein Mensch uns gepflanzt hat – und wachsen und sind da. Von der Höheren Göttlichen Intel- ligenz her waren wir immer schon als die ganz besonderen Partner der Menschen gedacht, sozusagen als komplementär zu euch. Denke einmal an unsere und eure Atmung und die Rolle des Kohlendioxids und des Sauerstoffs dabei. Wir Bäume sind es schließlich in allem Anfang gewesen, die für eure Tier- und Menschentier-Körper den Sauerstoff bereitgestellt haben und wir tun dies ja heute noch. Ihr könnt ohne uns nicht leben und wir nicht ohne euch!*

Ines:
Das leuchtet ja unmittelbar ein.

*Die Fichte:*
*Will ich wohl meinen! Um auf das ursprüngliche Thema zurückzukommen: **Dass es keinen Tod gibt, weiß die ganze Schöpfung – außer dem Menschen in seinem Verstand.** Der Verstand ist wahrlich – besonders in den letzten ungefähr 150 Jahreszyklen – zu einer Geißel für euch geworden. Dabei wur- de er anfangs als eine Art Überlebens- und Orientierungshilfe für euch entwickelt, nämlich zu der „Zeit", als ihr „nackten Affen" begonnen euch aufzurichten und einander und die an- deren Tiere mit Holzkeulen zu bekämpfen.*
*Womit ich also zu euch Menschen komme. Der „Tod" ist aus meiner/unserer Sicht eine Erfindung eures Verstandes. Ihr habt gelernt, ihn immer mehr zu fürchten, je weiter ihr euch von euren Quellen, nämlich der Natur und dem Göttlichen in*

*euch, entfernet. Schauen wir doch einmal kurz nach „Drüben", auf die „Andere Seite", euer „Jenseits", von dem ihr laut euren monotheistischen Religionen nichts wissen könnt, weil angeblich „noch niemand zurückgekommen ist". Ein Witz, über den wir Bäume ganz besonders gerne lachen, wenn wir nicht gerade über eure Borniertheit weinen. Es wimmelt nur so von lebendigen Manifestationen in den astralen, den erdnah genannten Bereichen. Feinstoffliche Manifestationen sind es, deren „Geburt" mit dem „Tod" in der grob physischen Welt zusammenfällt und umgekehrt. Wir Bäume bekommen von diesen Lebens-Ebenen ständig sehr, sehr viel Information – manchmal mehr, als uns lieb ist, denn wir können nicht helfen, weil wir es nicht dürfen. Auf diesen Lebens-Ebenen herrscht nämlich genauso viel Unbewusstheit wie unter den „normal" genannten Menschen, genauso viel Hypnose, Dummheit, Angst und Aggression. Es sind ja die Bereiche, in denen die Seelen verbleiben, die nach dem physischen „Tode" Angst haben, ins LICHT zu gehen. In den Lichtwelten aber, in den kristallinen Welten, in den Welten des Reinen Geistes schließlich, hat Das Leben seinen eigentlichen Ort oder Nicht-Ort, seinen eigentlichen Ursprung. Wir Bäume nehmen diese Bereiche stets wahr, sind über unsere Kronen und natürlich über unsere Devas in ständiger Verbindung mit ihnen.*

Ines:

Ein längerer Ausflug in die Natur am Morgen – mit einer Gruppe von Vogelbeobachtern – gibt mir frische Kraft, um hier weiterzuschreiben. Noch nachträglich nehme ich die liebevollen Energien der beiden Stauseen und ihrer Umgebung wahr, die Heimat für zahlreiche Wasservogel- und Singvo-gelarten geworden sind. Unter anderem waren später bei der alten Donau sehr viele Rauch- und Mehlschwalben unterwegs und auch einige Uferschwalben; gegen Ende unserer Wan-derung sahen wir Schwalben in der Krone einer alten Esche sitzen. Leider wurde im vergangenen Herbst und in diesem Frühjahr sehr viel Gehölz geschlagen, auch ein Gebüsch, wo im Frühling immer die Nachtigall sang. Überall hier im Schwabenland beobachtet man in den letzten beiden Jahren solches sinnlose „Großreinemachen" in der Natur. Die Bäume und Sträucher haben mich gebeten, mit ihnen zu atmen, um die geschlagenen Wunden zu heilen.

*Die Fichte:*
*Ja, es ist sehr wichtig, dass ihr Erwachenden mit der Natur atmet, wenn eure Mitmenschen solche brutalen Aktionen durchführen. Wir Bäume sind sehr froh, wenn ihr Mitgefühl mit jedem von uns entwickelt, der vor seiner Zeit umgehauen wurde. Lass uns nun heute über ein ebenfalls menschen-gemachtes Phänomen reden, nämlich den sauren Regen. Satz 8 aus meiner Reihe von Aussagen lautet:*

**Saurem Regen setz Stärke entgegen**

Ines:
Ja, gerne bespreche ich mit dir dieses Thema. Ich habe mir gerade im Internet schnell ein paar grundlegende Informa-tionen über sauren Regen verschafft. Es gab ihn punktuell schon im alten Rom in der Nähe von bestimmten Betrieben... Heute sind es nicht nur unsere Fabriken, die Stickstoffoxide

und Schwefeloxide ausstoßen, sondern auch die Haushalte und der Verkehr. Diese Stickstoff- und Schwefeloxide reagieren in der Troposphäre, in ca. 10-12 Kilometern Höhe, mit den Wassermolekülen in der Luft. Der so entstehende saure Regen hat unter anderem die folgenden Auswirkungen: Er wäscht Nährstoffe aus dem Boden und schädigt die Blätter der Pflanzen auch direkt. Diese werden dann anfälliger für Krankheiten und sterben im Extremfalle sogar ab.

*Die Fichte:*
*Brav recherchiert und zusammengefasst! Ja, so läuft es ab. Nun rufe ich zunächst einmal die Pflanzen und die Bäume auf: Saurem Regen setz Stärke entgegen. Es kommt nämlich hierbei auch für uns darauf an, wie wir innerlich auf diese Herausforderung reagieren. Besonders geschädigt werden immer unsere „Kümmerlinge" in den teilweise vom Menschen angepflanzten und regelmäßig „abgeernteten" Kunstwäldern. Du kannst durchaus auch bei Bäumen von so etwas wie „mentaler Stärke" oder auch Schwäche reden. Wir sind, wie ich schon sagte, nicht alle völlig gleich, wir haben unterschiedlich viel Mut und Kraft. Die Mutigsten und Gesündesten von uns wachsen auch am besten und sind weniger anfällig für die Bedrohung durch den sauren Regen. Sie senken ihre Wurzeln noch tiefer in die Erde hinein und holen sich ihre Nährstoffe von dort. Und sie lassen die Säure einfach an sich abperlen, sodass sie ihnen nichts anhaben kann. Dennoch: Was ihr heute tut, um die Übersäuerung des Regens abzumildern, ist noch lange nicht genug!*

Ines:

Das denke ich mir… Magst du nun erklären, wie wir Menschen diesen Satz auf uns anwenden können?

*Die Fichte:*
*Du erinnerst dich: Ich gab dir ursprünglich diesen Satz als Antwort auf dein eigenes Problem mit der Magensäure. Ich richte mich also hier besonders an alle Menschen, die gelegentlich oder regelmäßig hierunter leiden. Zunächst einmal: Hört mit dem Leiden auf. Leiden beinhaltet immer auch inneren Widerstand gegen das, was ist. Nehmt die innere Säure einfach beobachtend wahr, so wie ein starker Baum die äußere Säure des Regens einfach wahrnimmt und beobachtet. Das allein schon bedeutet Stärke zu zeigen. Nicht „kraftmeierische" Stärke, die angeberisch die Muskeln spielen lässt, sondern wahre, nämlich innere Stärke. Des Weiteren könnt ihr den Atem der Stärke einsetzen, wobei ihr euch aufrecht hinsetzt, in eurer eigenen Größe präsent seid und euren Atem fließen lasst. Ich weiß, dass eine junge menschliche Lehrerin ebenfalls diesen Atem lehrt, aber ihre Seele kennt ihn von uns Bäumen. Auch wir stehen bei Herausforderungen aller Art einfach in unserer ganzen Präsenz da und atmen!*

Ines:
Lea Hamanns Seele hat den Atem der Stärke letztlich von euch Bäumen gelernt?

*Die Fichte:*
*Aber ja, ganz genau. Also, bei Magensäure setzt den Atem der Stärke ein und nicht den Weichen Atem, denn es sind dann Anteile von euch im Spiel, die nicht aus freien Stücken zur*

*Seele zurückkehren wollen. Du weißt ja, wenn ihr euch ärgert, dann sagt ihr manchmal: „Ich bin sauer", oder auch: „Ich bin stocksauer" oder „stinkesauer". Das bezieht sich auf wütende Anteile, die ein saures Milieu in eurem Magen hervorrufen. Normalerweise habt ihr zuvor sehr viel „Ärger hinuntergeschluckt", wie euer Volksmund auch sagt. Es handelt sich dabei essenziell um Wut in erster Linie gegen euch selbst und nicht primär gegen die anderen, die vielleicht vordergründig diesen Ärger stimuliert haben. Diese Wut, die sehr viel mit Selbsthass zu tun hat, kommt von den erwähnten Anteilen her. Sie sind wütend auf die Seele, sie hassen sie, weil sie meinen von Gott abgelehnt zu werden. Und sie hassen auch eure menschliche Seite, weil sie ihr „Versagen auf der ganzen Linie" vorwerfen.*

Ines:

Ah, sehr erhellend. So ganz kann ich das, ehrlich gesagt, noch nicht nachvollziehen. Ich glaubte immer, Magensäure komme hauptsächlich von einer „falschen" Ernährung her.

*Die Fichte:*

*Hm. Letztendlich gibt es bei der Ernährung kein „richtig" oder „falsch", wie es euch der Verstand aufdiktieren will. Es gibt „liebevoll" und „nicht liebevoll", aber das ist etwas völlig anderes. Für den einen Menschen kann es liebevoll sein, sich vegan mit viel Rohkost zu ernähren, für den anderen mag Biofleisch liebevoll nährend sein, für den dritten vegetarisches Essen. Ja, ich habe neulich eine Empfehlung für das Erstere abgegeben, aber das möchte ich heute relativieren: Eure Kör-*

*per sind sowohl alle gleich, als auch sehr unterschiedlich und*
*so ist es auch unterschiedlich, was sie wirklich brauchen.*

Ines:
Eine Biologin erzählte mir neulich, die Menschen hätten unterschiedliche Darmlängen. Bei den Tieren ist der Pflanzenfresserdarm sehr lang, der Fleischfresserdarm kurz, der Darm von Tieren, die Mischkost fressen, mittellang. Beim Menschen aber gebe es keine einheitliche Darmlänge. Ihre eigene Mutter habe einen kurzen Darm gehabt und sehr viel Fleisch gebraucht um satt zu werden.

*Die Fichte:*
*Interessant, das wusste ich noch nicht. Es unterstützt meine*
*obige allgemeine Aussage. In jedem Falle ist aber Fleisch von*
*Tieren aus Massentierhaltung, die noch dazu in Großschlacht-*
*höfen grausam gemetzelt wurden, nicht gut für euch. Es ent-*
*hält neben Medikamentenrückständen auch jede Menge*
*Stresshormone, wie du weißt. Von dem Aspekt, dass es sich*
*hierbei um eure und unsere misshandelten Brüder und*
*Schwestern handelt, einmal ganz abgesehen. Kommen wir*
*aber zurück auf den Atem der Stärke bei Magensäure. Übt ihn*
*beim ersten Anzeichen der Säure und lasst euch nicht beirren,*
*wenn die Symptome nicht sofort verschwinden. Wenn ihr sie*
*unbedingt sofort weg haben wollt, ist das ein Zeichen dafür,*
*dass ihr kämpft und Widerstand leistet. Und ich möchte einen*
*weiteren Aspekt hierbei erwähnen: Widerstand und Kampf*
*verhärten und schwächen euch zugleich. Sie verhärten eure*
*Muskeln und schwächen euer Immunsystem, und sie verhärten*
*euren Emotionalkörper und machen euch anfällig für seelische*

*Verletzungen und noch mehr Wut. Ein verhärteter Emo-*
*tionalkörper splittert leichter, wenn ihn Pfeile treffen. Von ei-*
*nem weichen und elastischen Emotionalkörper prallen sie*
*einfach ab, oder sie gehen durch ihn hindurch ohne ihn zu*
*beeinträchtigen.*
*Lass uns nun zum zwölften Satz kommen, der mir besonders*
*am Herzen liegt:*

## Wir wiegen uns im Winde und gleichen einem Kinde

*Ich steige gleich einmal „quer" ein: Auch ihr Menschen*
*gleicht einem Kinde – wieder – wenn ihr euch auf den gegen-*
*wärtigen Augenblick, das Jetzt einlasst und eure angeborene*
*Neugier wieder zulasst. Diese beiden Aspekte sind nämlich die*
*ganz wesentlichen Merkmale oder Eigenschaften eines kleinen*
*Kindes. Es hat zum einen noch nicht gelernt, was „Zeit" ist,*
*diese Unnatürlichkeit. Es lebt noch im natürlichen Zyklus und*
*wird den Begriff der „Zeit" erst nach und nach sehr mühsam*
*erlernen müssen. Euch Erwachsenen hat er so sehr das Blut*
*vergiftet, dass ihr meint, es sei natürlich, mit und nach der*
*Uhr zu leben. Nichts ist widernatürlicher als eure moderne*
*Arbeitswelt mit ihren festgelegten Arbeitszeiten oder gar der*
*Schichtarbeit! Zum anderen ist ein kleines Kind grenzenlos*
*neugierig. Bei deinen kleinen Enkeln erlebst du es ja jedes*
*Mal, wie begierig sie ihre Umwelt erforschen und wie du sie*
*mit für Erwachsene ganz albernen Kleinigkeiten mühelos zum*
*glücklichen Lachen bringen kannst. Ihr „Großen" seid nor-*
*malerweise so abgebrüht durch das Leben, dass ihr die Freude*
*an den kleinen Dingen völlig verlernt habt.*

Ines: Ja, es gibt nur wenige unter uns, die sich ihre kindliche Neugier bewahrt haben und noch weniger, die es fertigbringen, im Jetzt zu leben, zu SEIN. Bitte, erzähle mir von euch Bäumen und auch, was euer Sich im Winde Wiegen mit einem (menschlichen) Kind zu tun hat.

*Die Fichte:*
*Wir Bäume leben nicht in der Uhrzeit, sondern in der Ur-Zeit, der Zeitlosigkeit, dem Jetzt. Wir teilen den Tag nicht in Stunden, Sekunden und Minuten ein, denn wir leben die Rhythmen von Tag und Nacht, die Rhythmen der Mondzyklen und der Jahreszeiten. Auch euer moderner Kalender, der das Jahr in 12 ungefähr gleich lange Monate unterteilt, ist widernatürlich. Der natürliche Kalender ist der Mondkalender, jedenfalls nach unserer Auffassung. Das natürliche Jahr wäre das Mondjahr, dessen Anfang und Ende sich gegenüber den Jahreszeiten regelmäßig verschieben. In der Neuen Zeit werdet ihr es vielleicht wieder einführen... Was aber den Wind betrifft: Wir Bäume lachen gerne. Ja, wenn wir uns in einer leichten Brise wiegen, dann lachen wir ganz besonders gerne. Wenn der Wind unsere Zweige und Blätter kitzelt, dann kichern wir wie eure Teenager. Du wunderst dich? Ha, wir sind sehr kitzelig und der Wind spielt gerne mit uns. Neben dem Wasser und dem Sonnenlicht ist er unser bester Freund. Der Wind, und auch der Sturm. Sie spielen mit uns und wir spielen mit ihnen. Wenn wir mit ihnen spielen, sind wir wie die lachenden Kinder. Wir lachen auch, wenn uns der Sturm manchmal ein paar Zweiglein oder auch Äste entreißt; das schmälert unseren Spaß an der Freude nicht. Wir lassen unsere Blätter rauschen*

und erzählen dem Sturmwind Menschenwitze. *Ehrlich. Willst du noch einen unserer Menschenwitze hören?*

Ines: Gerne.

*Die Fichte:*
*Ein altes Menschenpaar geht im Wald spazieren. Beide stützen sich auf einen Stock aus neumodischem Kunststoff. Fragt eine junge Eiche ihren alten Vater: „Warum laufen die auf drei Beinen? Die anderen Tiere haben doch vier?" Antwortet die alte Eiche: „Das dritte Bein haben sie im Lotto gewonnen, das vierte haben sie verwettet."*

Ines:
Ach? Ihr habt aber denkbar merkwürdige Witze. Weiß denn die kleine Eiche, was „im Lotto gewinnen" bedeutet und was „verwetten"?

*Die Fichte:*
*Nein, natürlich nicht. Aber alle alten Bäume ringsherum lachen sich kringelig. Also, ihr werde dir jetzt nicht erläutern, was wir an dieser Geschichte so witzig finden. Man soll Witze nicht zerreden, dann verlieren sie ihren Charme. Lass das einfach mal auf dich wirken, vielleicht bewegen sich dann deine Lachmuskeln auch. Und nun noch ein paar ernstere Anmerkungen. Erstens: Wenn es demnächst einmal wieder stürmt, achte auf die Bäume in deinem Garten und in der Nachbarschaft. Nimm innerlich Verbindung mit ihnen auf und lerne von ihrer Art und Weise, mit dem starken Wind umzugehen. Du kannst eine Menge dabei lernen und erfahren!*

*Zweitens: Der Ginkgo in deinem Garten ist besonders weise und daher auch besonders kindlich. Das trifft auf alle Bäume dieser Art zu. Ich rate jedem sensiblen Menschen, auf die Ginkgos besonders zu achten. Drittens: Weisheit und Kindlichkeit sind in der Tat, um es in der Sprache eurer Mathematik auszudrücken, direkt proportional. Kindlichkeit ist das Gegenteil von Infantilität oder Kindisch sein. Wer den menschlichen „Altersstarrsinn" entwickelt, der ist kindisch. Der Weise aber, ob Baum oder Mensch, ist wahrhaft kindlich.*

Ines: Ich danke dir sehr. Nun möchte ich einen Satz auswählen, den ich etwas rätselhaft finde. Es ist der Satz 17:

### Wer Birken pflanzt, wird keine Fichten fällen

Ich nehme an, dass diese Aussage hauptsächlich auf übertragener und symbolischer Ebene zu verstehen ist. Denn es gibt genügend Forstleute, die an der einen Stelle Birken anpflanzen und an der anderen Fichten abholzen – oder?

*Die Fichte (lacht amüsiert):*
*Ja, ja, das kommt dabei heraus, wenn ihr euren Verstand an diese Dinge ran lasst... Seien wir doch mal ehrlich – euer „gesunder Menschenverstand" ist ein Kasperle. Er hampelt nur albern herum und kriegt im Zweifelsfalle überhaupt nichts „Vernünftiges" auf die Reihe.*

Ines (grinsend):
Danke für die Beleidigung.

*Die Fichte:*
*War nicht als Beleidigung gemeint, sondern nur als humorige Tatsachen-Feststellung. Euer „normaler" Verstand ist wirklich sehr, sehr ineffektiv. Kein Wunder, denn er nutzt im Regelfalle nicht annähernd 10% eurer Hirnkapazität.[3] Und dabei ist eure wahre, eure Höhere Intelligenz tausend Mal potenter als euer Hirn, auch wenn ihr es zu 100% nutzen würdet! Ihr seid so unglaublich intelligente Wesen, und der beste Beweis hierfür ist, dass ihr es schafft, euch so winzig klein zu machen, dass ihr nur einen minimalen Bruchteil eurer Hirnkapazität nutzt. Menschen, die die 10% oder etwas mehr davon einsetzen, gelten bei euch als Supergenies, zum Beispiel Albert Einstein. Es ist wirklich ein grandioser Witz und eine unglaubliche Leistung, wie weit ihr euch heruntertransformiert habt! Nur, dass die meisten von euch jetzt im Schlamm feststecken und aus diesem Schlamassel nicht mehr aus eigener Kraft herauszukommen scheinen. Aber auch das täuscht. In jedem von euch schlummert diese Kraft, die euch befreien kann. Das als kleiner Exkurs. Ich werde nicht müde werden euch an eure wahre Größe zu erinnern! Und nun zu der wahren Bedeutung meines obigen Satzes: Ja, du hast in einem vollkommen Recht: Wenn man ihn platt wörtlich nimmt, ist er einfach Kokolores. Er ist nicht platt wörtlich zu nehmen. Wer Birken pflanzt, wird keine Fichten fällen – nämlich ein* **Hüter, eine Hüterin der Erde**, *voilà, das ist es, was ich meine. Und damit möchte ich über die neuen Hüterinnen und Hüter der Erde sprechen und zunächst einmal unsere unendliche Freude darüber ausdrücken, dass es euch gibt! Wir haben so*

---

[3] Anmerkung von Ines: Albert Einstein sagte, wir würden nur 10% unseres geistigen Potenzials nutzen. Die Fichte ist offenbar der Ansicht, dass die meisten von uns noch viel weniger anwenden.

*sehr, sehr lange darauf gewartet, dass ihr auftreten und mit uns zu arbeiten anfangen würdet. Aber jetzt ist es soweit: Ihr seid da und es werden täglich mehr.*

Ines:

Ah, ich hatte so etwas geahnt, konnte es aber selbst noch nicht aussprechen. Was macht denn aus eurer Sicht einen Hüter, eine Hüterin der Erde aus?

*Die Fichte:*

*Punkt eins:* **Eine Hüterin der Erde ist nicht perfekt.** *Ich schreibe jetzt mal in der weiblichen Form, weil die Hüterinnen der Erde in der Überzahl sind und überhaupt, weil ich die weibliche Energie so sehr liebe. Die Hüterin der Erde setzt sich selbst nicht damit unter Druck, dass sie in allem perfekt sein müsse, dass sie keine Schwächen haben dürfe. Sie verurteilt sich nicht, weil sie in dieser oder jener Hinsicht „noch nicht so weit ist" wie andere – sie vergleicht sich überhaupt nicht mit anderen, sondern geht ihren eigenen Weg. Schritt für Schritt und Atemzug für Atemzug. Warum ich das an den Anfang setze? Nun, eure menschliche Evolution hat dazu geführt, dass die „Spirituellen" unter euch glauben, perfekt sein zu müssen. Dabei waren und sind eure Gurus der alten Energie, mit Verlaub, bei aller spirituellen Erleuchtung oft auf der ganz menschlichen Ebene einfach Arschlöcher. Tut mir Leid, das sage ich jetzt einfach mal so drastisch. Bei allem Mitgefühl mit solchen Menschen – in den alt energetischen Lehrer-Schüler-Beziehungen war und ist häufig unendlich viel Missbrauch im Spiel. Letztendlich wisst ihr alle das ganz gut und die Erwachenden unter euch haben auch ein gesundes*

*Misstrauen solchen Lehrern gegenüber. Also, eine Hüterin der Erde ist nicht perfekt und braucht es nicht zu sein. Im Gegenteil – sie sollte es gar nicht sein, denn das würde dem Hochmut Tür und Tor öffnen. Über Hochmut und Stolz haben wir ja einen eigenen Satz, den wir gerne im Anschluss besprechen können.*

*Nun zu Punkt zwei:* **Eine Hüterin der Erde atmet mit ihr.** *Das muss nicht unbedingt heißen, dass sie regelmäßig das Weiche Atmen praktiziert, das meine ich gar nicht damit. Ich will sagen, dass eine Hüterin der Erde immer, mit jedem Atemzug, den sie in ihrem Leben tut, mit der Erde liebevoll verbunden ist, sich verbunden fühlt. Natürlich kann die Übung des Weichen Atems dazu eingesetzt werden, um zu einer solchen Grundhaltung hinzukommen, das ist unbenommen. Aber es ist kein Muss aus unserer Sicht. Wenn du regelmäßig deine Wurzeln wieder nachwachsen lässt, wird diese Grundhaltung genauso nachhaltig gefördert. Wenn du Beides praktizierst, auch gut. Spüre immer wieder zur Erde hin, fühle, was sie fühlt, werde ihre beste Freundin. Dann atmest du mit ihr.*

*Punkt drei:* **Eine Hüterin der Erde kommuniziert mit der Natur.** *Das muss nicht in Worten sein, wie du, liebe Ines, es tust. Und auch du musst nicht immer in Worten kommunizieren. Stumme Zwiesprache kann manchmal inniger sein als alle Worte. Dennoch, auch das Wort hat für manche Hüterinnen der Erde seinen Platz in der Kommunikation. Ich selbst zum Beispiel bin sehr froh und glücklich, dass ich dir in diesem Rahmen alles das übermitteln kann, was ich den Menschen schon immer einmal sagen wollte! Es ist sehr viel, und mir ist es egal, ob ihr das meiste schon wisst, weil es euch die Aufgestiegenen Meister und die Engel gesagt haben – ich* bin der Überzeugung, dass es einen anderen „Zungenschlag" hat, wenn das, was hier aufgeschrieben wird, von einem alten Baum kommt. Vielleicht sind wir Bäume nicht besonders originell als spirituelle Lehrer, aber wir sind authentisch! Ich fahre fort mit Punkt vier:

**Eine Hüterin der Erde hat keine Angst vor dem Neuen.** Die Erde selbst ist ja dabei in etwas Neues hineinzugehen und dieser Prozess verläuft nicht immer reibungslos. Du weißt es selber: Sonneneruptionen, Stürme im Magnetfeld der Erde, Vulkanausbrüche, Erd- und Seebeben, Tsunamis, Dürreperioden und Überschwemmungen, Orkane, Hurrikane, Tornados... Je unbewusster die Menschheit in einer Region, je stärker sie im alten Bewusstsein verhaftet ist, je verkrusteter die Energien dort sind, desto heftiger fallen die Erscheinungen aus, die ihr Naturkatastrophen nennt. Es sind aus unserer Sicht einfach Maßnahmen unserer Mutter Erde, um sich zu reinigen und in ein höheres Gleichgewicht zu bringen. Ihr Erwachenden wisst das ja zumeist. Und wenn ihr es wisst und keine Angst habt, dann „passiert" euch auch nichts! **Vertrauen statt Angst**, das ist das Zauberwort. Vertrauen in eure Seele und in unsere Mutter, die Erde, darum geht es immer wieder für alle Erwachenden und besonders für diejenigen, die als Hüterinnen der Erde wirken möchten.

Vertrauen statt Angst ist auch der Leitstern einer Hüterin der Erde in ihrem persönlichen Leben. Zum Beispiel auf der Ebene der materiellen Versorgung. Vertrauen in die Seele und in unsere Mutter Erde anstelle von Existenzängsten! Wie sagte denn Jesus: „Euer Himmlischer Vater weiß ja, dass ihr dies alles braucht." Er meinte Essen, Kleidung und Wohnung. Heute würde er vielleicht formulieren: „Deine Seele weiß ja, *dass du dies alles brauchst und will es dir schenken." Ja, und die Erde will dich nähren auf ihre Weise, genau wie deine Seele dies möchte.*

Ines:
Was ist es denn genau, dieses Neue, in das die Erde jetzt hineingeht?

*Die Fichte:*
*Oh, so genau lässt sich das noch nicht sagen. Momentan ist sie dabei ihre Wunden zu heilen und sich in ein höheres Gleichgewicht hinein zu bewegen. Was wir aus unserer Sicht aber wahrnehmen, ist, dass sie auf eine ganz neue Weise ein* **grüner Planet** *werden möchte für alle Wesen, die auf ihr leben. Sie möchte viele neue Urwälder hervorbringen und viele neue Gärten, die Menschen und Tiere ernähren und ihnen Freude bringen. Ja, ein* **Planet der Freude** *möchte sie werden, und irrsinnigerweise haben die meisten Menschen genau vor dieser neuen Freude eine Riesenangst. Warum? Wir können es nur erahnen, denn wir stecken nicht in eurer Haut, sondern in unserer Borke, ha, ha, ha.*

Ines:
Ich glaube, es ist, weil der Mensch ein „Gewohnheitstier" ist, wie eines unserer geflügelten Worte sagt. Wir sind an Angst, Sorgen, Kummer, Krankheit, Mangel, Leiden aller Art seit Jahrtausenden so sehr gewöhnt, dass wir uns – in der Tat paradoxerweise – daran klammern. Eben weil wir dies kennen und die Freude nur ganz punktuell. Die wahre Freude, die darin besteht, dass wir wissen, wer und wie wir wirklich sind

und wer und wie die Erde wirklich ist, die kennen wir zumeist überhaupt nicht. Wenn du allerdings einen Menschen fragst, ob er leiden *will*, wird er dir natürlich antworten, dass er das keinesfalls will, sondern dass er glücklich und froh sein möchte.

*Die Fichte:*
*Genau. Von eurer Gewöhnung an das Leiden handelt auch einer unserer beliebtesten Menschenwitze. Es geht um einen armen Mann, dem die Möglichkeit geboten wird, mit einem König zu tauschen. Er lehnt ab. Wie in jedem unserer Menschenwitze stellt ein junger Baum eine Frage. Er möchte wissen, warum der Mann nicht mit Freuden annimmt. Die Antwort der alten Eiche ist eigentlich nur ein Zitat eines weiteren eurer geflügelten Worte. Es lautet: „Was der Bauer nicht kennt, das frisst er nicht." Hierüber können wir stundenlang lachen und albern. Für uns Bäume ist euer verkrustetes Gewohnheits-Denken nämlich eine der größten Kuriositäten der Natur eines nicht-erwachten Menschen. Stelle dir nur einmal vor, ein Baum würde es ablehnen weiter zu wachsen, nur weil er seine neue Form noch nicht kennt. Oder ein junger Obstbaum würde es ablehnen Früchte zu tragen, nur weil er zuvor noch nicht getragen hat. Widernatürlich, nicht wahr? Genau so widernatürlich ist eure Angst vor allem Neuen, die essenziell eine Angst vor eurer eigenen höheren Natur ist. Diese Form von Angst ist wirklich ganz spezifisch menschlich und nicht mit der übrigen Natur und der Erde im Einklang.*
*Nun aber Punkt fünf, und das ist der letzte: **Eine Hüterin der Erde ist still.** Damit meine ich, dass sie in Verbindung mit der*

*Stille der göttlichen Quelle in ihrem Inneren ist. Wenn sie diese Verbindung nämlich nicht hält, kann sie auch die Verbindung zur Erde nicht halten. Ja, dann können wir, wenn du magst, mit der Erläuterung meines 14. Satzes beginnen:*

### Hochmut und Stolz sind niemals aus Holz

*Also, ihr habt das Sprichwort: „Hochmut und Stolz wachsen auf einem Holz". Gemeint ist damit, dass dies Früchte von derselben Art sind. Hochmut und Stolz sind aber rein menschliche Eigenschaften und niemals die eines Baumes. Darum habe ich den Satz entsprechend umformuliert. Wir Bäume kennen keinen Hochmut und keinen überheblichen Stolz. Wir schauen niemals auf andere herab, und wenn wir noch so machtvoll und hoch gewachsen sind, denn wir kennen unser eigenes Potenzial und das der anderen. Niemals würden wir einen „Kümmerling" verachten, nur weil er klein und ängstlich ist. Nein, wir gesunden Bäume schauen nicht auf die kranken herab oder auf die, die durch den verheerenden Einfluss des modernen Menschen auf die Natur degeneriert sind. Wir schauen aber auch nicht auf den Menschen herab – das liegt uns fern! Wenn wir Scherze über ihn machen, dann steht dahinter immer und ausnahmslos der Respekt, den wir vor diesem großartigen Wesen haben, das sich selbst nicht mehr kennt. Wir erzählen uns Menschenwitze, weil wir die Menschen lieben und ehren. Und wir erzählen sie manchmal auch, um uns von unserer Trauer über sein heutiges Wirken und seinen lieblosen Umgang mit sich selbst abzulenken. Nun weiter: Wir Bäume kennen in gewisser Weise den Stolz, aber nicht den überheblichen Stolz. Wir kennen den Stolz, zu sein was wir SIND. Das bedeutet, dass jeder Baum sein ihm innewohnendes Potenzial kennt und stolz auf seine Herkunft aus dem Göttlichen ist. Er weiß aber ganz genau, dass jedes andere Wesen, sei es Stein, Pflanze, Tier oder Mensch, ebenso aus dem Göttlichen kommt wie er selbst. Daher wird er sich niemals über ein anderes Wesen erheben.*

*Zu euch Menschen: Euer Segen wie euer Fluch ist euer Verstand, der sich über die übrige Natur hochmütig erhebt und zum Beispiel die Tiere das „unvernünftige Vieh" nennt. Immerhin gesteht er diesen manchmal Gefühle zu, während er sich in dem unglaublichen Irrtum befindet, im Pflanzen- und Mineralreich gäbe es solche nicht. Oh doch! Auch wir haben manchmal Angst, empfinden Schmerzen und vor allen Dingen empfinden wir immer Liebe. Euer Verstand glaubt, dass alles, was keine irgendwie geartete Stimme hat, um sich zu artikulieren, gefühllos sei. Mit anderen Worten, euer Verstand, auf den die meisten von euch, besonders die sogenannten Gebildeten, so fürchterlich stolz sind – „fürchterlich" im eigentlichen Sinne des Wortes, nämlich furchterregend für die anderen Wesen und auch für die Erde – dieser Verstand ist letztendlich außerordentlich begrenzt und geradezu dumm. Ihr habt ihn euch als Hilfsmittel zugelegt, eigentlich als Diener, um in eurer komplizierten Welt besser zurechtzukommen, aber er ist zum tyrannischen Herrscher über euer ganzes Leben geworden und hat in der Jetztzeit die perverseste aller Zivilisationen hervorgebracht, die die Menschheit je hatte. Diese Zivilisation ist wie ein Krebsgeschwür, das seinen Wirt und damit sich selbst tötet. Also, es ist an der Zeit, dass ihr diese Form, die euer Verstand angenommen hat, hinter euch lasst. Wenn ihr die Chance wahrnehmen wollt, die die neue*

*Epoche euch als Spezies bietet, dann müssen immer mehr Menschen diesen Tyrannen entmachten und in ihre eingeborene Höhere Intelligenz hineingehen! Ihr solltet den analytischen Verstand zu eurem Diener machen und ihn in erster Linie zur Lösung von praktischen Problemen einsetzen. Dort hat er durchaus seinen Platz. Keineswegs rate ich euch, in der Evolution rückwärts zu gehen und wieder Affen in den Bäumen zu werden. Aber ihr könnt nur dann überleben, wenn ihr die Verantwortung für euch selbst und diesen Planeten auf eine ganz neue, eigentlich die ursprüngliche, Weise übernehmt. Seid Hüterinnen der Erde und nicht ihre Verächter und Unterjocher! Denn es ist genau dieser Hochmut, diese Überheblichkeit der übrigen Natur gegenüber, der euch zu Zerstörern eurer Umwelt macht. Dieser Hochmut ist es, der euch glauben macht, ihr könntet euch die Erde untertan machen, Tiere, Pflanzen, die gesamte Natur unterjochen. Und dieser Hochmut kommt direkt aus eurem herrischen Verstand.*

Ines: Danke für diese klaren Worte, liebe Fichte!
Es zwitschert und flötet in den Gärten ringsum, es blüht und sprießt allenthalben – sonniges, warmes Wetter am Morgen. Der Satz 15:

### Bescheidenheit ist das schönste grüne Kleid

schließt sich direkt an den letzten Satz an. Was gibt es denn dazu zu sagen?

*Die Fichte:*

*Eine ganze Menge! Zunächst einmal die unmittelbare Bedeutung: Das grüne Kleid bezieht sich natürlich auf unser Blätterwerk beziehungsweise unsere Nadeln. Es heißt also: Die schönste, die beste Eigenschaft eines Baumes ist seine Bescheidenheit. Warum? Weil wir nur in Bescheidenheit wirklich groß wachsen können. Ihr denkt, man könne am besten wachsen, wenn man sich so richtig breit macht. Dem ist nicht so. Ein Baum in einem Wald ist immer Teil einer großen Einheit, eines großen Ganzen. Wenn er sich in dieses Ganze nicht einfügt, wird er schnell sterben. Vergesst bitte, liebe Menschen, ganz schnell den Darwinschen Grundsatz des „Survival of the fittest"! Ja, der steckt euch heutigen Männern und Frauen so richtig tief im Hirn fest. Aber... es ist eine menschliche Interpretation der Natur. Es ist eine Übertragung menschlicher Eigenschaften auf die Natur. Ihr glaubt, dass das wesentliche Merkmal der Natur ein unablässiger Kampf aller gegen alle sei. So ein Un-Sinn! Auch der Satz „Homo homini lupus" (Der Mensch ist dem Menschen gegenüber ein Wolf) ist sehr albern, denn gerade der Wolf ist ein sehr soziales Tier. Der Satz müsste heißen: „Homo homini homo". Es gibt kein anderes Wesen auf Erden, das sich den Mitgliedern seiner Spezies gegenüber so verhält wie ihr! Also... das „Überleben des Fittesten" ist barer Unsinn, wenn man es so nimmt, wie ihr es versteht. Man könnte allerhöchstens sagen, dass der Geeignetste am besten überlebt, aber der Geeignetste ist nicht der Stärkste, sondern der Kooperativste. Derjenige, der mit allen anderen Wesen am besten zusammenwirkt. Der Bescheidenste also, jawohl. Derjenige, der die komplexen Gesetze des Waldes und seiner Wesen am besten begriffen hat und für sich selbst anwendet.*

Ines:

Das ist ja höchst interessant! Wir Menschen kennen im Grunde die komplexen Zusammenhänge in der Natur nur zu einem winzigen Bruchteil. Willst du sagen, dass ihr Bäume sie insgesamt kennt?

*Die Fichte:*

*Aber natürlich! Die Crux bei euch ist, dass ihr versucht, diese Zusammenhänge zu analysieren. Mit eurem Verstand. Ihr kommt euch furchtbar schlau vor, wenn ihr wissenschaftliche Untersuchungen und Experimente im und mit dem Wald macht. Aber auf diese Weise werdet ihr niemals wirklich durchblicken. Eure Wissenschaftler isolieren ja immer die Phänomene, reißen sie aus einem noch größeren Zusammenhang heraus. Dabei kann doch nichts Rechtes herauskommen! Nein, die wirklichen Zusammenhänge können nur ganzheitlich und mit der höheren Intuition erfasst werden und entziehen sich letztlich auch der linearen Versprachlichung. Und es ist übrigens so, dass ein junges Bäumchen, das noch nicht oft verkörpert war, sie weniger gut durchschaut als ein älterer Baum, der schon oft auf der Erde war. Auch wir lernen im Laufe eines Lebens und im Laufe von vielen Verkörperungen.*

Ines:

Wow. Übrigens sind ja auch wir Menschen – zumindest von unserem Körper her – ein Teil der Natur.

*Die Fichte:*

*Genau. Aber aufgrund der Herrschaft eures Verstandes bildet ihr euch ein, euch über sie stellen zu dürfen. „Machet euch die Erde untertan". Dieser Satz aus der Bibelübersetzung spukt bis heute in euren Köpfen herum. Wenn ihr Hebräisch könntet, wüsstet ihr, dass er ganz anders gemeint ist. Ich als Baum würde ihn folgendermaßen formulieren: „Nutzt die Kräfte der Erde und arbeitet mit ihnen zusammen". Genau dies tun auch wir Bäume. Und, wie gesagt, die Bescheidenheit, und das bedeutet, der Respekt und die Achtung allen anderen Wesen gegenüber, ist dabei unser schönstes Kleid.*

*Nun aber noch genauer zu euch Menschen. Als Kollektiv seid ihr alles andere als bescheiden. Das alte Massenbewusstsein ist nicht nur grau und klebrig, es ist auch über alle Maßen hochmütig der übrigen Natur gegenüber. Ich sage dies in aller Liebe und Ehrerbietung für euch! Einen guten Freund, eine gute Freundin erkennst du stets am besten daran, dass er oder sie dir die ungeschminkte Wahrheit sagt, ohne dich dabei abzuwerten. Ja, gerade weil er dich respektiert und schätzt, wird der Freund dir die Wahrheit sagen. Wir Bäume sind eure Freunde. Mehr als das, wir sind eure Verwandten, eure allernächsten Verwandten im Pflanzenreich. Noch einmal: Ihr Menschen seid alles andere als bescheiden, und das hat zwei Seiten: Einerseits seid ihr stolz, weil ihr im tiefsten Inneren um eure Besonderheit im Universum wisst. Es ist im höheren Sinne ein durchaus berechtigter Stolz. Andererseits aber ist es der Hochmut eures ach so begrenzten und beschränkten Verstandes, der euch unbescheiden sein lässt, und das ist fatal, also schicksalhaft für die gesamte Natur inklusive euer selbst. Die Lösung aus unserer Sicht liegt darin, dass ihr zu eurer wahren Größe findet und den falschen Größen-Wahn hinter euch lasst. Der Größen-Wahn kommt aus dem tyrannischen Verstand, ich muss es nochmals betonen. Die Wahrnehmung eurer wahren Größe aber kommt aus eurer höheren Intelligenz.*

Ines:
Das leuchtet mir ein. Wenn wir nun uns zu HüterInnen der Erde entwickeln, dann können wir auch zugleich zu unserer wahren Größe finden, nicht wahr?

*Die Fichte:*
*Aber ganz genau! Nur ein Mensch, der seine wahre Größe kennt und spürt, kann eine Hüterin der Erde sein. Und umgekehrt wird in der Tat ein Mensch, der sich zur Erdhüterin entwickelt, geradezu automatisch auch zur Erkenntnis seiner wahren Größe gelangen. Denn die Erde zu hüten, das ist jedes Menschen wahre höhere Berufung.*

Ines:
Oh. Dann sind wir gegenwärtig als Kollektiv ja noch wirklich weit von dieser wahren Berufung entfernt.

*Die Fichte:*
*Ja, noch. Aber es ist sehr ermutigend für uns wahrzunehmen, wie immer mehr von euch sich aufmachen um den Erwachensprozess zu wagen. Bald schon wird die „kritische Masse" von Erwachenden erreicht sein, die eine bestimmte innere Hemmschwelle überschritten haben, und dann wird das „Virus der Erleuchtung" schnell und immer schneller auf das gesamte Kollektiv der Menschheit überspringen. Aus unserer*

*Sicht ist diese Entwicklung schon jetzt unumkehrbar. Der*
*Weltuntergang ist in der Tat abgeblasen!*

Ines:
Was ist das für eine „bestimmte innere Hemmschwelle", von
der du da sprichst?

*Die Fichte (lächelnd):*
*Es ist die Hemmschwelle, die euch davon abhält, euer Licht*
*leuchten zu lassen, ganz einfach. Je mehr ihr aber zulasst,*
*dass euer wahres Licht zu leuchten beginnt und in die Welt*
*hinaus strahlt, desto heller wird diese Welt – das ist doch lo-*
*gisch, oder? (Lacht sehr erheitert)*

Ines (ebenfalls lachend):
Sehr logisch. Je mehr Lichter leuchten, desto heller wird es, na
klar. Und dann leuchtet keine *falsche* Bescheidenheit, sondern
die Bescheidenheit, die um die Größe aller anderen weiß.

*Die Fichte:*
*Zur Fortsetzung möchte ich nun Satz 21 vorschlagen:*

**Die Energien des Himmels heilen dich, die Energien der**
**Erde halten dich gesund**

*In diesem Falle schreiben wir nicht über Bäume und Men-*
*schen getrennt, denn alles, was hierzu zu sagen ist, gilt ohne*
*Einschränkungen für beide. Also, noch einfacher ausgedrückt,*
*heißt es in diesem Satz:* **Die Heilung kommt von Oben, die**
**Gesunderhaltung in der Ordnung von Unten.** *Du siehst so-*

*fort, ich habe etwas hinzugefügt, nämlich „in der Ordnung".*
*Hierzu aber etwas später. Zunächst einmal: Die Heilung*
*kommt immer von oben, aus dem Kosmos, aus den höheren*
*Seinsebenen, von der Seele her. Heil werden heißt ganz wer-*
*den, und ganz werden heißt vollständig werden. Vollständig*
*aber bist du nur, wenn du alle deine höheren Ebenen in dein*
*Bewusstsein, und in gewisser Weise auch in deinen Körper in-*
*tegrierst. Heilung ist also demzufolge Entwicklung, ja, lebens-*
*lange Expansion. Je heiler, also vollständiger du bist, desto*
*mehr leuchtet natürlich auch dein Licht in die Welt hinein.*
*Darum ist jegliche Arbeit an der eigenen Heilung zugleich*
*auch immer ein Beitrag zur Erleuchtung der gesamten Welt.*
*Zum Zweiten: Die Gesunderhaltung kommt von Unten, also in*
*unserem Falle von der Erde her. Der Grund ist, dass du die*
*Heilung, also die Integration von höheren Ebenen deiner*
*Selbst, nur halten kannst, wenn du sie so vollständig wie nur*
*möglich auf die Erde bringst, in deine Verkörperung hinein.*
*Und das kann wiederum nur geschehen, wenn du dich immer*
*wieder tief mit der Erde verbindest – in Gedanken und vor*
*allen Dingen auch energetisch. Lasse daher immer wieder neu*
*deine Wurzeln wachsen! Was uns Bäume betrifft, so entspricht*
*die Stärke unseres Wurzelwerks immer genau der Entwicklung*
*unserer Krone. Logisch, sonst würden wir umkippen. Für euch*
*Menschen gilt das auch! Eure höhere spirituelle Entwicklung*
*muss einhergehen mit einer immer tieferen Verbindung mit der*
*Erde, sonst hebt ihr ab und das ist das Gegenteil von*
*Integration eurer höheren Ebenen. Nun möchte ich meinen*
*Zusatz „in der Ordnung" erklären: Die Erde ist eine immens*
*ordnende Kraft, das hast du auch schon von anderer Seite*
*gehört. Nur hat dein Verstand das mal wieder nicht ver-*

*standen, darum erkläre jetzt ich es dir: Bei der überwiegenden Mehrzahl der Menschen gehen alle Ebenen, die sie sich einverleiben, zunächst einmal wild durcheinander. Was oben sein sollte, ist nach unten gesunken und umgekehrt, was unten sein sollte, ist nach oben gestiegen. Und was rechts sein sollte, ist links, was links sein sollte ist rechts. Außerdem ist horizontal, was vertikal sein sollte und umgekehrt. Also, ein Riesen-Durcheinander. Mutter Erde bringt das alles ins rechte Lot, aber nur, wenn du dich regelmäßig um deine Wurzeln kümmerst!*

Ines:
Aha. Ist aber noch ein wenig abstrakt.

*Die Fichte:*
*Das muss es in diesem Falle auch bleiben, sonst müssten wir darüber ein eigenes Buch schreiben, für das dein Bewusstsein jetzt aber noch nicht offen ist.*

\*\*\*

Am 28. April 2012 gesellte sich zu meiner Fichte eine sicher mehrere Hundert Jahre alte Buche hinzu, die im Laupheimer Schlosspark steht und dort mit Abstand der älteste Baum ist. Sie muss schon an ihrem Platz gestanden haben, lange bevor der Park angelegt wurde. Die Fichte und die Buche signalisierten mir, in Zukunft gemeinsam in diesem Rahmen mit mir schreiben zu wollen. Nicht genug damit – nachdem mein Mann und ich am Tag darauf zwei Stunden in einem

Bannwald[4] bei Bad Buchau am Federsee verbracht hatten, einem Wald, in dem viele uralte Baumriesen wachsen und wo eine ausgesprochen heilige Atmosphäre herrscht, meldeten sich die Bäume wieder bei mir und teilten mir mit, dass sie sich in einer größeren Gruppe zusammenschließen wollten, um mit mir zu kommunizieren. Ich habe es also ab sofort nicht mehr mit einer einzelnen Fichte zu tun, sondern mit der geballten Weisheit von vielen verschiedenen Bäumen! Sie möchten nun mit dem Satz 16 fortfahren:

### Nadelwald und Buchen sollst du immer suchen

*Die Bäume:*
*Guten Abend, Liebes, wir freuen uns ja so! Bevor wir auf diesen wunderschönen Satz des Waldkönigs von Burgrieden eingehen, möchten wir dich bitten, eine Aussage von ihm aufzuschreiben, die er dir am Abend des 28. April im persönlichen Gespräch diktierte. Sie lautet:*
**Du bist ein Mensch, und Menschen können fliegen wie die Engel und sich verwurzeln wie die Bäume. Das ist es, was euch so großartig macht und so einzigartig.**
*Hierzu möchten wir kurz etwas sagen: Aus unserer Sicht seid ihr Menschen eurem ganzen Potenzial nach besondere Wesen. Ihr könnt ungeheure geistige Leistungen vollbringen, womit wir jetzt nicht eure intellektuellen Leistungen meinen – da gibt es andere Wesen auf anderen Planeten, die euch bei Weitem überlegen sind. Wir meinen einerseits eure Künste und andererseits eure Fähigkeit zu lieben. Beides ist geeignet euch*

---

[4] Ein Bannwald ist ein der Natur zurückgegebener Wald, der wieder zum Urwald werden darf.

*Flügel zu verleihen, und zwar in nicht allzu ferner Zukunft sogar möglicherweise wörtlich. Ganz besonders euer Potenzial zur Selbstliebe, so verschüttet es auch momentan noch sein mag, hebt euch aus allen anderen Wesen heraus. Eure jetzt noch bildlichen Flügel verbinden euch mit dem Himmel. Eure energetischen Wurzeln, die ihr bis ins innerste Zentrum der Erde hinein wachsen lassen könnt, verbinden euch mit diesem Planeten und machen euch zu unseren liebsten Brüdern und Schwestern. Die Tatsache, dass jetzt immer mehr von euch sich auf ihre ursprüngliche Essenz zurückbesinnen, macht uns sehr froh und glücklich. Die Fichte hat in den letzten Tagen ein paar Feststellungen bezüglich eures noch herrschenden Massenbewusstseins gemacht; Wir als Kollektiv möchten im Folgenden mehr auf das eingehen, was ihr wirklich seid und sein könnt, damit eure Perspektive deutlicher wird. Wir sind der Überzeugung, dass das Neue auf diesem Planeten, das von euch seinen Ausgang nimmt, unumkehrbar im Kommen ist.*

Ines:
Es sieht so aus, obwohl man manchmal schier verzweifeln könnte, wenn man die Nachrichten sieht oder hört.

*Die Bäume:*
*Die TV-Nachrichten sind ein Produkt des grausten Massenbewusstseins; sie gehen daraus hervor und sie formen es zugleich. Von „Verschwörungstheorien", die besagen, dass eine kleine Gruppe von Wesen die Welt beherrscht und euch manipuliert, halten wir übrigens nichts. Mag es auch so sein, uns kümmert es nicht. Je mehr Individuen sich dem Massen-*

*bewusstsein entziehen und in ihre eigene Kraft und Sou-*
*veränität gehen, desto mehr verlieren diese Wesen an Macht*
*und Einfluss. Ihr braucht sie nicht zu bekämpfen, ihr braucht*
*einfach im höchsten und im tiefsten Sinne Ihr Selbst zu sein,*
*das ist alles!*
*Und nun möchten wir den Satz der Fichte kommentieren. Sein*
*innerster Kern besteht in der Aussage, dass der ursprüngliche*
*Wald ein Mischwald ist. Jeder natürliche und gesunde Wald*
*lebt aus seiner Artenvielfalt heraus, natürlich nicht nur, was*
*die Bäume betrifft. Je zahlreicher aber die Baumarten in*
*einem Wald, desto größer die Vielfalt der anderen Pflanzen*
*und der Tiere, die dort wohnen, desto größer auch die Vielfalt*
*der ansässigen Naturwesen. Das Weihevolle, Heilige, das du*
*im Bannwald neulich so deutlich gespürt hast, kam von daher,*
*von dieser Vielfalt, und natürlich auch von der geballten*
*Weisheit der alten Baum- und Naturwesen. Im Grunde ist das*
*nicht in menschliche Worte zu fassen, wie du gerade merkst.*

Ines:
Stimmt. Jedenfalls fühlte ich mich wie im Allerheiligsten eines
Tempels, besonders an der Stelle, wo eine Art eiförmiger
Baumkreis war. Der natürliche, ursprüngliche Wald ist also ein
Mischwald, und das wohl überall auf der Erde.

*Die Bäume:*
*Ja. Monokulturen aller Art sind eine menschliche Erfindung*
*und sehr widernatürlich. Der beste Beweis ist ja, dass die*
*Pflanzen dort äußerst anfällig für sogenannte Schädlinge sind.*
*In einem gesunden Mischwald gibt es diese Wesen natürlich*
*auch, aber sie richten keinen wirklichen Schaden an, da sie*

*sich nicht über die Maßen vermehren können. Dafür ist kein Nahrungsangebot vorhanden. Im Mischwald jeglichen Typs herrscht immer eine vollkommene Balance zwischen sämtlichen Wesen, die dort leben, seien es die Bäume, die anderen Pflanzen, die Tiere, die Pilze, die Mikroorganismen im Boden, auch der Wasserhaushalt. Wir Bäume möchten euch Menschen dazu aufrufen, immer mehr Wälder in Ruhe zu lassen, damit sie sich regenerieren können. Jeglicher Wald, auch die unnatürlichste Fichten-Monokultur, trägt in sich diese Kraft der Regenerierung und Selbstheilung. Ihr braucht uns in unserer intakten Natürlichkeit, denn nur so können wir euch optimal dienen und unseren so wichtigen Beitrag zu einem Erdklima leisten, das günstig für das Fortbestehen eurer Spezies ist. Natürlich wünschen wir uns auch für uns selber, möglichst weitgehend in Ruhe gelassen zu werden, ungestört wachsen und gedeihen und auch sterben zu dürfen, damit wir sein können, was wir sind. Unser Wesen besteht nicht darin, „nachwachsende Rohstoffe“ zu sein. Unser Wesen besteht darin, Wir Selbst zu sein. Deshalb rufen hier all eure widernatürlich angepflanzten Baum-Monokulturen zu euch: Wir sind nicht geboren um eure Sklaven zu sein, unsere Natur ist die Freiheit! Wir vereinigen unsere Stimme mit der Stimme all der von euch jetzt noch geknechteten und ausgebeuteten „Nutztiere“, deren Wesen ebenfalls nicht darin besteht, von euch benutzt zu werden, sondern frei zu sein!*

Ines:
Ich bin sehr berührt und ich danke euch. Immer mehr Menschen hören euren Ruf und auch den der Tiere und lernen euch neu zu achten. Bitte, hört nicht auf zu uns zu sprechen.

*Die Bäume:*
*Wir fangen ja gerade erst an. Nun noch ein weiterer Punkt.*
*Dieser Satz der weisen Fichte kann auch wörtlich genommen*
*werden: Wenn ihr Heilung sucht, dann geht in einen Wald aus*
*Nadelhölzern und Buchen – jedenfalls hier in Mitteleuropa. In*
*einem solchen Wald herrscht ein ganz besonderer Geist, der*
*euch Menschen zuträglich ist. Probiert es einmal aus! Über*
*die Bedeutung der Buchen für euch Menschen möchte jetzt*
*noch die Buche aus eurem Laupheimer Park etwas sagen.*

*Die Buche:*
*Guten Abend, Liebes. Nicht umsonst ist in deiner Heimat*
*Deutschland die Buche von alters her der häufigste Laub-*
*baum. Wir pflegen einen Geist, der euch Menschen besonders*
*zuträglich ist. Unser glatter Stamm ist Symbol für unser be-*
*sonders ausgeglichenes Wesen. Unsere Blätter sind symme-*
*trisch und einfach gebaut, unser Wachstum besonders harmo-*
*nisch. So helfen wir euch allein durch unser Da-Sein – wenn*
*ihr uns denn wahrnehmt und euch helfen lassen wollt. Wir*
*Buchen sind in euren Breiten die menschenfreundlichste*
*Baumart, und das will etwas heißen, denn ausnahmslos alle*
*Bäume sind menschenfreundlich. Wir sind diejenigen Bäume,*
*die euch Menschen in einer ganz bestimmten Weise die*
*Energie gehalten haben in den letzten gut 2000 Jahren. Ja, es*
*ist so, wenn ihr auch etwas ungläubig dreinschaut. Bäume*
*haben den Menschen die Energie gehalten, seit eure Spezies*
*hier auf dieser Erde lebt. Ihr wisst ja jetzt, dass wir eure*
*nächsten Verwandten im Pflanzenreich sind. Ohne unsere feste*
*Verwurzelung in der Erde hättet ihr euch nicht verwurzeln*

*können und wir dienen euch immer noch auf diese Weise. Es ist so ein inniger Zusammenhang zwischen uns und euch! Wir freuen uns so sehr, dies jetzt einmal auf dem Wege über einen Menschen zu euch bringen zu dürfen! Insbesondere wir Buchen wissen, wie es heute um euch steht und welche Chance ihr habt. Ihr seid dabei sie wahrzunehmen, ja, es werden immer mehr von euch, die sich auf den Weg des Erwachens zu eurem wahren Sein begeben. Die Nadelbäume repräsentieren übrigens in gewisser Weise dunkle Energie, was aber nicht negativ zu verstehen ist. Es ist eine göttliche dunkle Energie. Wir Laubbäume repräsentieren lichte Energie. Ihr wisst es ja: In einem Nadelwald ist es eher finster, wenn du zum Beispiel an den Schwarzwald denkst, in einem Laubwald hell. Wenn wir durchmischt wachsen, vereinigen sich unsere Energien, das ist optimal für uns und auch für euch, die ihr uns besucht.*

Ines:
Das ist sehr erhellend, vielen Dank! Nun würde ich gerne den zehnten Satz besprechen:

***Borkenkäfer sind weniger schädlich als Menschenlärm. Bitte respektiert uns!***

*Die Bäume:*
*Also, der Borkenkäfer steht in diesem Satz stellvertretend für alle Wesen, die ihr als Schädlinge anseht, weil sie euren „Nutzwald" befallen. Natürlich ist es auch für uns nicht schön, wenn unsere Schwestern und Brüder reihenweise vor ihrer Zeit sterben, aber noch unschöner ist die Tatsache, dass es überhaupt solche Monokulturen gibt, die uns anfällig für*

*Borkenkäfer und ähnliche Wesen machen. Gebt diese Art der „Forstwirtschaft" in der Neuen Zeit möglichst bald auf! Wir geben euch gerne unser Holz für eure Möbel und auch zum Bau eurer Häuser. Aber wir würden dies gerne auf unsere Weise und freiwillig tun: Wir möchten mit Hüterinnen der Erde kommunizieren und ihnen sagen, welche Bäume jeweils in einem Wald bereit sind geschlagen zu werden. Das würden euch dann sogar die Urwälder erlauben, denn bevor ein Baum beginnt abzusterben, um dann umzufallen, gibt mancher von uns euch gerne aus freien Stücken sein Holz. Manch anderer allerdings möchte dem ganz natürlichen Rhythmus folgen dürfen und als abgestorbenes, umgefallenes Holz dem übrigen Wald zur Nahrung dienen.*

*Menschenlärm steht in diesem Satz ganz allgemein für die „Umweltverschmutzung", die unbewusste Menschen mit sich bringen. Wir Bäume leiden entsetzlich, wenn unser Wald mit Plastiktüten und -flaschen, Getränkedosen und ähnlichem Müll geschändet wird. Ja, es ist eine Schändung, ganz sicher. Es tut uns und allen anderen Wesen im Wald sehr weh. Was wir aber besonders schlecht ertragen können, das ist der Lärm, den unbewusste Menschen machen. Wir meinen nicht fröhlichen Kinderlärm. Wir lieben eure Kinder ganz besonders. Uns schneidet lautes Sprechen in die Seele, denn ein Wald ist ein Ort der Stille und des Friedens. Eigentlich sollte er mit der Stille und dem Frieden in eurem Inneren korrespondieren dürfen. Deshalb an dieser Stelle von uns allen noch einmal die Bitte: Respektiert uns! Wir freuen uns immer, wenn unser Wald liebevoll um Erlaubnis gebeten wird, bevor ein Mensch ihn betritt. Wir haben großen Respekt vor euch und freuen uns, wenn ihr uns diesen Respekt erwidert und die heilige, weihevolle Stille des Waldes zu schätzen wisst. Dann wissen wir auch euch zu schätzen und es wird euch in unseren Reihen kein Leid, sondern viel Heilung geschehen. Ihr könnt euch dann auch niemals verirren, denn wir Bäume werden euch sicher an euren Ausgangspunkt oder zu eurem Ziel führen. Oh, wir sind sehr glücklich, dass es immer mehr Hüterinnen der Erde gibt, die mit uns kommunizieren!*

Ines:
Eure Worte bewegen mich sehr, liebe Bäume. Ich würde nun gerne den etwas humoristisch formulierten Satz 13 mit euch besprechen:

**Wir wachsen, wachsen, wachsen und machen niemals Faxen**

*Die Bäume:*
*Zu diesem Satz können wir einiges sagen, besonders zu seinem zweiten Teil. Zum ersten Teil: Das Wachsen ist unser Lebenszweck, wie die Menschen im alten Bewusstsein es ausdrücken würden. Es ist unsere Bestimmung, der wir unbeirrt folgen. Menschen haben oft Angst vor dem Wachstum im „übertragenen" Sinne. Ihr körperliches Wachstum fürchten sie im Allgemeinen nicht, aber das Wachstum auf seelischer Ebene, das ebenfalls immer mit Wandel einhergeht, macht den meisten große Angst. Im Gegensatz zu uns Bäumen wollt ihr gerne innerhalb bestimmter alter und klar definierter Grenzen bleiben, haltet ihr am Althergebrachten und Gewohnten fest. Die Fichte äußerte sich schon dazu. Wir Bäume aber „machen niemals Faxen". Wir meinen damit, dass wir keinen Unsinn*

*machen, denn Un-Sinn ist es, seiner Bestimmung nicht zu folgen. Hier könnt ihr eine Menge von uns lernen! Wir wollen jetzt nicht anfangen euch zu kritisieren, sondern euch im positiven Sinne erklären, wie ihr von uns lernen könnt:*

1. *Ein Baum hat keine Angst vor dem Wachstum – auf keiner Ebene. Er hat keine Angst, in die Höhe und in die Breite zu wachsen, auch wenn andere ringsumher bei ihm stehen. Man arrangiert sich, würdet ihr sagen. Nimm die große Fichte und die große Kiefer, die du heute beim Spaziergang auf der Schwäbischen Alb sehr eng beieinander hast stehen sehen. Die Fichte umarmt die Kiefer mit einer starken Wurzel. Nach oben hin hat die eine nach links, und die andere nach rechts hin ihre Äste stärker entwickelt. Ein Baum hat auch keine Angst vor dem seelischen und spirituellen Wachstum – er hat keine Angst vor Erfahrungen, die er noch nicht kennt. Im Gegenteil, er freut sich auch über herausfordernde Erfahrungen, weil diese ihn innerlich wachsen lassen.*

2. *Ein Baum bewertet Erfahrungen nicht. Er spaltet sie nicht auf in „positive" und „negative", in erwünschte und unerwünschte Erfahrungen. Das geht schon aus der letzten Aussage des ersten Punktes hervor. Ein Baum nimmt jegliche Erfahrung an, weil jegliche Erfahrung seinem Wachstum zugute kommt. Je größer der Erfahrungsschatz, desto größer die Weisheit – das gilt auch für euch Menschen, wenn ihr die Erfahrungen ausnahmslos annehmt. Wenn ihr manche Erfahrungen annehmt und andere nicht, dann bleibt ihr töricht und auch sehr verwundbar.*

3. *Ein Baum mag so viele äußere Verletzungen erfahren haben wie nur denkbar – er bleibt im Inneren unverwundbar. Denke nur an die 600 Jahre alte Linde, die du heute zum zweiten Male besucht hast. Wie viele Äste wurden ihr abgesäbelt, wie viele andere brachen ab! Innen ist ihr Stamm hohl, aber sie treibt in jedem Frühjahr wieder ihre herzförmigen Blätter aus, auch ganz unten am Stamm... Unverwundbar ist, wer jegliche Erfahrung annimmt!*

4. *Ein Baum wehrt sich niemals gegen seine Bestimmung, ein Baum zu sein. Er weiß, er ist als Baum gekommen, um an einem bestimmten Platz zu stehen. Er stellt diesen Platz nicht infrage, wünscht sich nicht an einen anderen. Er wünscht sich auch nicht, ein Mensch zu sein oder vielleicht ein Kaninchen. Er wünscht sich nicht, ein anderer Baum zu sein. Eine Fichte will keine Eiche sein, eine Eiche keine Buche. Eine Kiefer will keine andere Kiefer sein, sondern die Kiefer, die sie ist. Versteht ihr? So könnt auch ihr euch eures Lebens zu freuen lernen als der Mensch, der ihr seid!*

Ines:

Wunderschöne Erklärungen! Ja, wir Menschen im alten Bewusstsein beneiden so häufig andere, würden gerne an ihrer Stelle sein anstatt in unserer eigenen Haut. Wenn wir eure Ausführungen wirklich beherzigen, dann kann sich unser Leben grundlegend verändern, weil wir unsere Grundeinstellung verändert haben.

*Die Bäume:*

*Wir fahren fort:*

5. *Ein Baum bleibt immer ein Baum. Dies klingt ein wenig wie eine Variation von Punkt 4, aber es ist anders gemeint. Ein Baum geht nicht in andere Verkörperungen, er verkörpert sich nur immer wieder als Baum. Andere Wesen wechseln manchmal zwischen verschiedenen Spezies hin und her. Bäume tun das nicht, denn wir sind der Meinung, dass wir in unserem Wesen als Bäume rein bleiben sollten und dass wir in dieser Gestalt alle Erfahrungen machen können, die wir als Seelenwesen (Devas) brauchen. Also wird ein Baumwesen niemals als Katze oder als Vogel oder als Mensch inkarnieren. Auch nicht als Orchidee oder Gänseblümchen. Ein Baum bleibt ein Baum und daraus bezieht er seine große Kraft. Wir möchten daher euch Menschen davon abraten – wenn wir das dürfen – weiter gewisse Tiererfahrungen auf euch zu nehmen, wie manche dies tun. Wir meinen, dass euch das nicht dienlich ist. Aber natürlich ist es allein eure Entscheidung.*

6. *Bäume können sehr lange leben, weil sie immer voll bewusst mit sich selbst, mit dem Himmel und mit der Erde verbunden sind. Auch das macht unsere Kraft aus. Unsere Bewusstheit wächst mit jeder Saison, mit jedem Jahr, mit jeder Verkörperung. Ihr Menschen, wenn ihr zur Bewusstheit eurer selbst erwacht, könnt ebenfalls wieder, wie zu Abrahams Zeiten, sehr lange Erdenleben in gesunden Körpern leben.*

*Wenn du magst besprechen wir nun Satz 18:*

## Der schlimmste Feind des Waldes ist nicht der Förster, sondern der unbewusste Spaziergänger

*Ja... zunächst einmal: Wenn wir den Ausdruck „Feind"
verwenden, so ist dies ohne negative Emotion gemeint. Wir
verstehen hierunter einfach ein Wesen, das uns schadet. In
diesem Sinne bezeichnen wir den „normalen" Förster oder
Forstverwalter durchaus als unseren Feind. Ein Förster dient
nämlich in aller Regel nicht dem Wald, sondern den menschlichen Interessen am Wald. Oberflächlich gesehen sorgt er
zwar aus eurer Sicht für „Gleichgewicht", aber was ihr Menschen mit Bezug auf den Wald unter Gleichgewicht versteht,
das hat rein gar nichts mit der ursprünglichen, naturge-
gebenen Balance zu tun. Diese naturgegebene Balance
schließt das Zusammenwirken aller Wesen und Organismen in
einem „Ökosystem" mit ein und dieses Zusammenwirken kann
nur dann auf gesunde Weise funktionieren, wenn der Mensch
nicht nach seinen begrenzten Verstandes-Vorstellungen
„regulierend" eingreift. Solche Regulierung ruft nämlich im
Wirklichkeit auf tieferer Ebene eine Dysregulierung hervor!
Lasst es doch einfach sein – lasst UNS doch einfach SEIN!
Hört auf uns zu „verwalten" und hört auf euch selbst zu
verwalten – LEBT stattdessen!*

Ines:
Da greift ihr einen immens wichtigen Punkt auf. Ja, wir
Menschen, besonders in den „hoch entwickelten" Industrie-
staaten, speziell hier in Deutschland und im Rahmen der Euro-
päischen Union, wir verwalten und verwalten und verwalten
alles, bis in den letzten Winkel hinein. Ihr habt Recht, das ist

extrem lebensfeindlich in jeglicher Hinsicht. Wie aber können wir diesen Verwaltungs-Moloch auflösen?

*Die Bäume (lächelnd):*
*Nicht auf dem Wege über weitere Verwaltungsmaßnahmen natürlich, sondern indem immer mehr Menschen zu Hütern und Hüterinnen der Erde werden. Ihr könnt damit beginnen, immer wieder mit der Erde, der Natur, mit uns Bäumen zu atmen und dann geschehen zu lassen, was geschehen will. Jeder Einzelne, jede Einzelne von euch kann für sich selbst beginnen zu leben, sich zunächst einmal innerlich frei zu machen von all den Zwängen der „Zivilisation". Wenn ihr einen Garten habt oder in der Nähe eines Parks oder Waldes wohnt, dann atmet mit diesen. Nehmt Verbindung zu den Naturwesen und den Devas auf, die dort wirken – das muss überhaupt nicht verbal sein. Fühlt hinein, das ist noch viel wichtiger. Und dann achtet auf eure Intuition: Oftmals werden euch Ideen kommen, die vorher nicht da waren. Diese sind euch von den Naturwesen und Devas geschickt. Auch werdet ihr den Garten, den Park oder Wald anders wahrnehmen als zuvor. Ihr werdet seine Lebendigkeit stärker spüren, aber auch unter Umständen seine menschenverursachte Krankheit, die mit eurer Hilfe heilen möchte. Ihr müsst dann nicht gleich etwas machen, ihr könnt damit sein und damit atmen. Schon auf diesem Wege kann sich vieles verändern.*
*Nun möchten wir noch über den unbewussten Spaziergänger sprechen. Wir sprachen dieses Thema neulich schon an, als es um Lärm und um Müll ging. Jetzt möchten wir uns mit der Seite des Bewusstseins befassen. Wir nennen einen Spaziergänger unbewusst, wenn er den Wald ohne Respekt und*

*Ehrfurcht betritt. Manche Menschen werden von selbst still, wenn sie in einen Wald kommen, auch wenn sie sich selbst nicht als „Spirituelle" sehen. Andere aber behandeln den Wald wie ein totes Objekt, sie achten ihn nicht, sie trampeln über die Wege und unterhalten sich laut, werfen ihren Abfall achtlos in die Büsche, als wenn der Wald eine Müllkippe wäre. Das Entscheidende, wir betonen es noch einmal, ist hierbei das tödliche Bewusstsein. Es schadet uns immens. Von solchen unbewussten Menschen gehen nicht nur störende Schallwellen und hässliche Abfälle aus; sie geben auch extrem niedrige energetische Schwingungen ab, die den Wald noch mehr schädigen als alles andere. Nicht respektiert zu werden ist eine große Beleidigung für jedes Wesen. Es verletzt die Seele, und so verletzt es auch die Seelen im Wald und die Seele des Waldes als Ganzes. Gerade wir Bäume sind wegen unserer Verwandtschaft zu euch besonders empfindlich für solche dunklen Schwingungen, die von unbewussten Spaziergängern ausgehen. Leider werden solche Menschen auch wohl kaum dieses Buch lesen, aber ihr, die ihr es lest und seine Botschaften beherzigen möchtet, ihr seid eingeladen uns immer wieder zu besuchen, euch mit uns zu verbinden und mit der Heilung der Wälder zu sein und zu atmen!*

Ines:
Vielen Dank für diese bewegenden Mitteilungen.

*Die Bäume:*
*Wir freuen uns, euch noch mehr mitteilen zu dürfen: Unbe--wusstheit ist finster und grau, Bewusstheit leuchtet. Je mehr Menschen zum Lichte ihres eigenen Bewusstseins zurück*

*finden, desto heller wird es insgesamt auf der Erde. Und: Licht ist ansteckend. So wie der Funke eines Feuers einen Steppenbrand auslösen kann, so kann ein einzelner bewusster Mensch viele andere „anzünden", ihnen eine „Initialzündung" vermitteln, dafür sorgen, dass es auch in ihnen heller und lichter wird. Die alte Redensart: „Da kann man nichts machen. Was kann ein Einzelner denn schon ausrichten?" ist Teil der grauen Unbewusstheit. Ein Einzelner kann unendlich viel bewirken – nicht durch einen blinden Aktionismus, sondern durch ein bewusstes Sein und Handeln in Verbindung mit seiner inneren göttlichen Quelle. So wie wir Bäume bewusst SIND, in Verbindung mit unserer eigenen Quelle, so könnt ihr Menschen üben zu SEIN! Verbindet euch mit euch selbst, verbindet euch mit der Erde, mit der gesamten Natur, verbindet euch mit uns – das möchten wir euch wieder und wieder zurufen. Eigentlich, wenn man es genau nimmt, seid ihr stets mit allem und allen verbunden, so wie wir Bäume untereinander und mit allen verbunden sind. Aber euer Verstand redet euch ein, dass ihr getrennt und isoliert wäret, daher müsst ihr das Sich Verbinden neu erlernen und es immer wieder üben. Viel Heilung wird euch daraus erwachsen!*

Ines:

Ich finde es sehr schön, dass ihr euch nicht damit aufhaltet, über die Unbewussten zu schimpfen, sondern dass ihr uns sagt, wie wir zu strahlenden Lichtern auf der Erde werden können.

*Die Bäume:*

*Ja, das ist doch das Entscheidende: Wie ihr das Neue, nämlich euer eigenes Licht, in die physische Welt bringen könnt – in* zahllosen Gestalten und Weisen. Und nun möchten wir zum Satz 19 kommen:

**Die Borke ist die Haut des Baumes. Ist sie gesund, ist der Baum nicht krank**

*Unsere Borke ist Wind und Wetter und allen äußeren Einflüssen überhaupt am meisten ausgesetzt – so wie eure Haut. Ja, sie ist unsere Haut, ist „Grenze" und Verbindung zugleich. Jede Baumart hat eine andere Art von Borke, und jeder individuelle Baum hat seine eigene, individuelle Borke. So wie es keinen Baum gibt, der im Wachstum vollkommen identisch mit einem anderen seiner Art ist, so gibt es auch keinen Baum, dessen Borke auch nur annähernd identisch mit der eines anderen Baumes ist. Unsere Borke ist mehr als alles andere unser Erkennungsmerkmal. Im Winter, wenn die Laubbäume längst ihre Blätter abgeworfen haben, um im kommenden Frühjahr neu austreiben zu können, erkennt der kundige Mensch uns allein an unserer Borke, teilweise auch an unserem Wuchs. Unsere Borke ist gesund, wenn der Baum in seinem Inneren gesund ist. Auch beim Menschen sieht man schon an der Haut, ob er gerade kränkelt. Beim Baum ist die gesunde Borke für Hüterinnen der Erde deutlich erkennbar, schon von Weitem. Wir laden euch ein, auch auf diesem Gebiet von uns zu lernen und euch in der „Baum-Diagnose" zu üben! Wir helfen euch gerne dabei.*

Ines:
Ja, das möchte auch ich gerne erlernen. Ich nehme eure Einladung hiermit an.

*Die Bäume:*

*Danke dir, wir freuen uns! Zu diesem Thema ist aber noch mehr zu sagen: Unsere Borke schützt uns vor schädlichen Umwelteinflüssen, aber sie kann uns nur in dem Maße schützen, wie wir in unserem Inneren gesund sind. Das bezieht sich zum einen darauf, ob wir aus dem Erdboden genügend Wasser und Nährstoffe aufnehmen können, zum anderen aber bezieht es sich auf die innere Bewusstheit eines Baumes. Diese ist ja nicht bei allen von uns identisch. Sie wächst mit jedem Lebensjahr, mit jeder Erfahrung, mit jeder Verkörperung. Je höher die Bewusstheit, desto gesünder der Baum – auch „körperlich". Diese Aussage können wir nun Eins zu Eins auf euch Menschen übertragen: Je höher die Bewusstheit, desto gesünder der Mensch – auch körperlich. Ein Mensch, der sich in bewusster Verbindung mit seiner Quelle befindet, wird nach und nach einen immer tieferen und umfassenderen Selbstheilungsprozess erfahren. Er wird sich außerdem immer liebevoller um seinen physischen Körper kümmern, wird diesen wertschätzen, respektieren und annehmen und wird ihm die ihm gebührende Nahrung zuführen. Auch den Grad der Gesundheit eines Menschen kannst du, wenn du genau hinschaust, deutlich an seiner Haut ablesen. Ist sie fahl, gelblich, zu trocken oder zu fettig, so befindet sich der Mensch in einem inneren Ungleichgewicht. Ist sie aber rosig und gut durchblutet, dann ist der Mensch gesund, nicht nur körperlich. Nicht umsonst haben Babys und Kleinkinder noch eine gut durchblutete und rosige Haut: Sie sind normalerweise noch viel stärker mit ihrer Quelle verbunden als die Erwachsenen, und das bedeutet, sie sind in viel größerer innerer Balance, sie*

81

*sind voller Lebensfreude wie wir Bäume. Lernt von euren kleinen Kindern! Werdet wieder wie die kleinen Kinder, SEID im gegenwärtigen Augenblick wie sie und freut euch des Lebens!*

Ines:
Leider ist das für die meisten von uns Erwachsenen sehr schwierig.

*Die Bäume (lachend):*
*Es ist nicht schwierig, es ist sehr einfach. Ihr braucht euch nur wirklich dafür zu entscheiden. Ja, wir wissen, alle möglichen Ängste stehen dem im Wege, aber wiederum braucht ihr euch nur dafür zu entscheiden, diesen Ängsten nicht mehr zu folgen.*

Ines:
Und woran erkennen wir, dass wir uns nicht wieder nur mit dem Verstand und dem Ego dazu entschieden haben?

*Die Bäume:*
*Das ist ebenfalls ganz einfach: Die richtige Entscheidung fühlt sich einfach sehr gut an. Sie fühlt sich liebevoll an und nicht nach Stress, den ihr euch macht. Stressgefühle kommen vom Verstand her. Lasst diesen seine Arbeit tun, da wo es für ihn angemessen ist. Ansonsten vertraut eurem höheren Bewusstsein, eurer Seele und ihrer Führung. Ihr könnt durchaus auch zu eurer Seele um die richtige Entscheidung für das umfassende Ja zum Leben beten. Eure Seele wird euch keinen Stein geben, wenn ihr um Brot bittet, um uns einmal auf Jesus zu beziehen.*

Ines:
Ihr habt Recht. Auch ich werde meine Seele um diese Entscheidung bitten. Nun aber möchte ich den Satz 20 mit euch betrachten:

***Achte auf deinen inneren Flüssigkeitshaushalt. Achte auf deine Wurzeln!***

*Die Bäume:*
*Fein. Beim Menschen wie beim Baum transportiert eine Flüssigkeit Nährstoffe zu den Zellen, damit sie optimal versorgt werden. Um dies zu gewährleisten, musst du genügend Flüssigkeit in Form von Wasser zu dir nehmen, das ist – mit euren Worten – logisch. Wir Bäume holen uns Grundwasser, immer in genau der Menge, wie wir es brauchen. Menschen sollten ausreichend viel trinken, und zwar nicht in erster Linie in Form von Kaffee, Schwarztee, Alkohol... Diese Getränke schwemmen Wasser aus dem Körper heraus, anstatt ihm welches zuzuführen. Wenn ihr sie schon zu euch nehmt, dann trinkt bitte immer auch ein Glas Wasser dazu. Euer Körper kann keine Wasservorräte anlegen, daher ist es sehr wichtig, eure Reserven täglich aufzufüllen. Für uns Bäume gilt natürlich, dass wir das Wasser mit Hilfe unserer Wurzeln aus dem Boden holen, also müssen wir darauf achten, dass unsere Wurzeln ausreichend tief wachsen. Soviel zur körperlichen Seite.*
*Nun aber zu der wichtigeren Seite dieser Aufforderungen. Dies ist die energetische, du kannst auch zusätzlich sagen, die feinstoffliche. Wasser gibt es nicht nur in der physisch manifestierten Welt. Es existiert auch auf allen höheren Ebenen. In*

*der Tat nimmt es seinen Ursprung im Reich des Reinen Geistes, denn schon dort sprudelt die geheimnisvolle Göttliche Quelle, der Ursprung allen Seins und NichtSeins. Dieses Wasser, diese Quelle, hat seine Repräsentanten auf sämtlichen Schöpfungsebenen, von der energetischen über die verschiedenen feinstofflichen bis hin zur grob materiellen Ebene unserer Körper. Und so, wie aus dem physischen Wasser alles physische Leben auf Erden entsprang, so entspringen aus dem geistigen, dem energetischen, dem feinstofflichen Wasser die entsprechenden höheren Ebenen des Lebens. Ein bewusstes Wesen wie ein Baum und ein erwachendes Wesen wie ein heutiger Mensch sind nun aufgefordert, sich insbesondere um ihren Wasserhaushalt und ihre Wurzeln auf diesen höheren Ebenen zu kümmern, denn unsere Gesundheit, wenn sie wirklich Heil-Sein bedeuten soll, entwickelt sich von Oben nach Unten und das heißt zugleich, von Innen nach Außen.*

Ines:
Warum ist „von Oben nach Unten" dasselbe wie „von Innen nach Außen"?

*Die Bäume:*
*Ganz einfach: Das Allerhöchste hat seinen Sitz in dir im Allertiefsten, also im Allerinnersten. Wenn du heil sein willst, dann musst du die Verbindung zu deinem Allerinnersten aufnehmen und das ist die Ursprüngliche Göttliche Quelle selbst. Wenn du diese Verbindung hast und sie ständig pflegst, dann kannst du umfassende Heilung geschehen lassen, die eben von Innen, Schicht für Schicht, nach Außen wirkt. Zuletzt heilt auch dein physischer Körper. Die dichte Materie ist natürlich*

*am schwerfälligsten und am langsamsten. Und: Mit dem Fortschreiten solcher umfassenden Heilung wandelt sich auch dein äußeres Leben Schritt für Schritt um.*

Ines:

Ja… damit dies alles geschehen kann, müssen wir sehr viel und ausdauernd üben, nicht wahr?

*Die Bäume:*

*Das ist richtig. Ihr habt euch sehr weit von der Quelle entfernt in den letzten Jahrtausenden, und besonders stark in den letzten 200 Jahren. Lasst uns nun noch etwas mehr zu euren Wurzeln sagen: Als Menschen auf der Erde braucht ihr nicht nur die Verbindung zum Himmel (in und über euch), sondern auch eine innige Verbindung zu diesem Planeten. Schließlich seid ihr Geistige Wesen, die auf die Erde gekommen sind, um eure göttlichen Potenziale genau hier in der Physis Wirklichkeit werden zu lassen. Das könnt ihr nur mit Hilfe eurer Wurzeln! Wie wollt ihr etwas auf die Erde bringen, wenn ihr zu dieser keine innere Verbindung habt? Eure Wurzeln helfen euch dabei, eure Potenziale in Schöpfungen umzuwandeln, diese in die immer dichtere Realität zu ziehen und sich schrittweise materialisieren zu lassen.*

Ines:

Könnt ihr nun noch etwas über unseren energetischen und feinstofflichen Wasserhaushalt sagen?

*Die Bäume:*

*Genau, das wollten wir gerade tun. Beschränken wir uns auf die energetische Seite. Das, was die Chinesen das Qi (oder Chi) nennen, die Inder das Prana, die „Lebensenergie" also, ist Wasser auf dieser Seinsebene. Jegliche Energie hat die Qualität von Wasser, denn sie fließt. Energiebahnen sind wie Flussbetten. Sie können verstopft sein oder frei oder ausgetrocknet oder überschwemmt. Eine traditionelle Methode, diese Energiebahnen, den Qi-Fluss, in Balance zu halten, ist das altchinesische Qigong. Eine Methode der Neuen Zeit ist der Weiche Atem, der auf der materiellen Ebene mit Luft arbeitet, auf der energetischen aber mit demselben Wasser, eben dem Qi. Nicht umsonst lasst ihr euren Atem FLIESSEN! Und ihr lasst ihn in alle möglichen Körperbereiche fließen, wo es keine Atemorgane gibt, zum Beispiel in die Schulter, die Hände und die Füße. Was ihr da in Wirklichkeit dann tut, ist, eure Lebensenergie fließen zu lassen.*

*Zusammengefasst: Die Aufforderung, euch um euren inneren Flüssigkeitshaushalt zu kümmern, ist auf der entscheidenden Ebene gleichbedeutend mit der Aufforderung, euch erstens mit der inneren Göttlichen Quelle zu verbinden und zweitens eure Lebensenergie gleichmäßig fließen zu lassen. Die Aufforderung, auf eure Wurzeln zu achten, bezieht sich auf eure energetische Verbindung zur Erde.*

Ines:

Ich glaube, hier kann ich noch hinzufügen: Aus der Erde nehmen wir ebenfalls Energie in Form von fließendem Wasser auf, oder? Und dieses Wasser hat vielleicht eine andere Qualität als das Qi-Wasser vom Himmel und aus unserem Inneren?

*Die Bäume:*

*Gut bemerkt! Die Erde transformiert ständig euer verbrauchtes Qi, das ihr in sie abfließen lasst. Ähnlich wie wir Bäume eure verbrauchte Atemluft transformieren, nebenbei bemerkt. Kommen wir nun zum Satz 22 unserer Fichte:*

### Kraftprotze sind innerlich hohl und brechen beim nächsten Sturm auseinander

*Zunächst einmal: Kraftprotze in der Menschenwelt meinen, immer alles mit Gewalt erzwingen zu können und zu müssen. Sie vergewaltigen und schinden ihren Körper im Fitness-Studio und sie vergewaltigen und schinden ihre Seele im Leben. Das Protzen mit einer „Kraft", die nichts mit eurer wirklichen höheren Kraft zu tun hat, ist ein typisch menschliches Phänomen. Unsere Fichte hat in diesem Satz den Baum nur als Bild verwendet, um zu verdeutlichen, was mit einem menschlichen Kraftprotz geschieht, den die Stürme des Lebens beuteln: Er wird daran innerlich zerbrechen, denn, wie gesagt, er ist innerlich hohl. Das bedeutet, dass er in keiner Weise in Verbindung mit seiner wirklichen Kraft ist, denn diese wirkliche Kraft hat es niemals nötig zu protzen. Sie ist einfach nur da und strahlt aus sich selbst heraus!*

Ines:

Ja, das ist wahr. Was genau versteht ihr unter einem Kraftprotz, der seine Seele im Leben schindet?

*Die Bäume:*

*In dieser Gestalt sehen wir Menschen, die sich als „Alpha-Tiere" gebärden. Diese „müssen" in jeder Lebenssituation dominant und allen anderen überlegen sein, sonst fühlen sie sich als Versager. Sie stellen an sich den Anspruch, perfekt und unfehlbar zu sein und ertragen keinerlei Kritik von anderen. Dieser Menschentyp ist vorherrschend in den Chefetagen von Wirtschaft und Politik zu finden, wie sie heute noch mehrheitlich funktionieren.*

Ines:
Inwiefern vergewaltigen diese Menschen ihre Seele?

*Die Bäume:*
*Schaut einmal genau hin: Wer es nicht ertragen kann, nicht in jeder Lebenslage „der Erste" zu sein, der hat ein Problem! Worin besteht dieses Problem? Doch offensichtlich darin, dass derjenige sich selbst nicht annehmen kann, so wie er wirklich ist, nämlich als Mensch mit Stärken und Schwächen einerseits, und als göttliches Wesen, das eine irdische Erfahrung durchläuft, andererseits. Ein Kraftprotz kann bei sich selbst keine Schwächen dulden und ertragen, das ist das eine. Und er kann seine wahre Kraft überhaupt nicht sehen, das ist das andere. Wer in seiner wahren Kraft ist, der braucht keine „Kraft" und kein Protzen. Umgekehrt: Wer „Kraft" zum Protzen braucht, der kann gar nicht in seiner wahren Kraft sein, nicht wahr?*

Ines:
Klingt plausibel.

*Die Bäume (lachen sehr):*

*Ja, nicht? Wahre Kraft und wahre Größe sind eng miteinander verwoben und kommen aus eurer inneren Quelle des Göttlichen. Wer ein „perfekter Mensch" sein will, hat den Bezug zum Göttlichen verloren. Vollkommenheit hingegen hat mit Heil sein zu tun und schließt beim Menschen Stärken und Schwächen mit ein. Ja, das Annehmen der eigenen Fehler und Schwächen ist ein wesentliches Merkmal der Vollkommenheit! In diesem Sinne ist nur ein erwachender, immer bewusster lebender Mensch vollkommen, niemals ein Kraftprotz.*

Ines:
Ja… Jetzt ist der Satz 23 an der Reihe:

### Lothar der Sturm imponiert keinem Wurm, denn der kriecht am Boden

*Die Bäume:*
*Dieser Satz unserer Fichte ist ein kleiner Scherz mit ernstem Hintergrund. Der „Wurm", ein ganz erdnahes Wesen, das gar keine Affinität zum Himmel zu haben scheint – der Regenwurm stirbt an der Sonne –, wird als Bild für manche Menschen verwendet, und so möchten wir über diese sprechen. Am Boden kriechen, aber keine Wurzeln haben, und erst recht natürlich keine Flügel. Was fällt denn dir dazu ein?*

Ines:
Ich habe da eine Frage: Dass ein Sturm keinem echten Wurm etwas ausmacht, ist mir klar, denn der bietet ihm sozusagen keine Angriffsfläche. Aber ein Mensch, so „wurmig" er auch sein mag, wird doch immer irgendwie von den Herausfor-

derungen des Lebens betroffen sein und sie auch als solche empfinden. Ist nicht das Bild in dieser Form „daneben"?

*Die Bäume (lachen erheitert):*
*Nur ein bisschen. Wenn du den Satz etwas umformulierst, bekommt er aber einen tieferen Sinn: „Aus dem Sturm lernt kein Wurm, denn der kriecht am Boden." Ein „wurmiger" Mensch nimmt die Herausforderungen des Lebens nur als etwas Unangenehmes und Unerwünschtes wahr und sieht in ihnen dementsprechend nicht die Chance zu wachsen. Ein Baum wächst nach jedem Sturm an Erfahrung und Weisheit. Ein erwachender Mensch auch.*

Ines:
Seht ihr denn den Rest der Menschheit insgesamt als „Würmer"?!

*Die Bäume (lächelnd):*
*Mehr oder weniger, ja. Aber Würmer mit Potenzial. Das am Boden kriechen und in der Erde wühlen bringt ja immerhin auch Erfahrungen. Also, wir verstehen unter „Wurm" in diesem Zusammenhang einen Menschen, der so unbewusst lebt, dass er den Bezug zu seiner Seele komplett verloren zu haben scheint. In Wirklichkeit ist die göttliche Quelle natürlich immer noch in ihm, so wie sie auch in jedem richtigen Wurm ist. Aber der unbewusste Mensch nimmt sie nicht wahr. Verlassen wir nun einmal dieses Bild und sprechen wir über unbewusste Menschen und ihre Wege des Lernens. Unbewusste Menschen ziehen alle möglichen „Katastrophen" magisch an, denn das Leben möchte sie wachrütteln. Da sie jedoch die*

*Erde als Objekt und alle Herausforderungen eben als Katas-*
*trophen ansehen, „lernen" sie nur, dass die Existenz leidvoll*
*sei. Mit einem „Objekt" kann man ja keine Verbindung auf-*
*nehmen, da es angeblich nicht beseelt ist. Und als Mensch*
*kann man auch keine Wurzeln in die Erde hinein wachsen*
*lassen, denken sie, da sie die feinstofflichen und die energe-*
*tischen Ebenen leugnen. So entwickeln unbewusste Menschen*
*alle möglichen Krankheiten, es passieren ihnen Unfälle, liebe*
*Verwandte oder Freunde sterben, sie geraten in „Naturkatas-*
*trophen". Im besten Falle hört solch ein Mensch irgendwann*
*einmal den Weckruf seiner Seele und begibt sich auf den Weg*
*des Erwachens. Es kann auch sein, dass er ins Vertrauen geht*
*zu einem „Gott", den er irgendwo hinter den Sternen wähnt*
*und der wohl um den Sinn all dieser „Prüfungen" weiß. Das*
*ist die Antwort für die Gläubigen der alten Religionen. Wir*
*möchten solchen Menschen nicht zu nahe treten und sie bei-*
*leibe nicht beleidigen, aber dieser Weg führt in eine Sack-*
*gasse, denn er führt von der eigenen Mitte fort. Man „lernt"*
*dabei, dass da irgendwo ein „höheres Wesen" sei, das einem*
*alle möglichen Schicksalsschläge auferlegt. Was das für einen*
*Sinn ergeben soll, wissen wir nicht. Andere unbewusste Men-*
*schen gehen in die Verzweiflung, Resignation, Depression oder*
*den Zynismus. Wer hingegen sich wie ein Baum im Winde*
*wiegt, also die Herausforderungen des Lebens annimmt und*
*mit ihnen tanzt, der wächst mit dem Alter auch an Weisheit*
*und an Kraft.*

Ines:

Ah, mit den Herausforderungen des Lebens *tanzen*, das finde
ich ein sehr schönes Bild! Kommen wir aber noch einmal auf

die unbewussten Menschen zurück. Manche von ihnen entwickeln in ihrem Leid durchaus eine innere Größe. Eine „Größe im Ertragen", würde ich das mal nennen.

*Die Bäume:*
*Wir wissen, was du meinst. Ja, das ist die menschliche Größe in der alten Energie. Wir neigen uns in Respekt davor, aber es ist an der Zeit, dass ihr diese Form von Größe hinter euch lasst und in das Bewusstsein eurer Wahren Größe hineinkommt!*

Ines:
Wie können wir dahin kommen, wenn das Leben uns eine Herausforderung in der Form eines großen Schmerzes schickt?

*Die Bäume:*
*Begegnet diesem Schmerz, fühlt ihn. Er kann euch zu eurer Seele führen, wenn ihr dies geschehen lasst. Wohlgemerkt, es geht nicht um das „Ertragen" oder „Erdulden". Es geht um das bewusste Fühlen, das bewusste Erleben dieses Schmerzes. „Ertragen" beinhaltet den Glauben, dass einem dies „auferlegt" wurde und dahinter versteckt sich immer eine Ablehnung, ja, ein Widerstand und ein Kampf. Diese Feststellung mögt ihr übertrieben finden, aber schaut einmal genauer hin: „Ertragen" ist eine Vokabel, die eine Opferhaltung bezeichnet. Ja, es handelt sich sozusagen um ein heldenhaftes Opfer, aber eben doch um ein Opfer. Und ein Wesen, das sich selbst als Opfer sieht, trägt immer insgeheim eine Aggression gegen einen Täter in sich. Und nun lass uns den 24. und letzten Satz kommentieren:*

## Wer dem Orkan trotzt, den wird er fällen

*Dieser Satz bezieht sich erneut in erster Linie auf euch Menschen. Ein Baum „trotzt" nämlich nie; er wiegt sich und biegt sich, wenn der Sturm kommt. „Trotzen" bedeutet Widerstand leisten, kämpfen. Ihr Menschen neigt seit Jahrtausenden dazu, auf sogenannte Widrigkeiten mit Widerstand und Kampf zu reagieren. Was kommt dabei heraus? Leiden, Leiden und nochmals Leiden. Schmerz, Schmerz, und nochmals Schmerz. Dagegen versucht ihr wiederum zu kämpfen, und so immer fort. Es ist eine Endlosspirale, oder eher eine Art Hamsterrad, das ihr durch eure Kampfeshaltung immer weiter antreibt. Schließlich fallt ihr heraus und seid tot – körperlich jedenfalls. Nehmen wir einmal eines eurer prominentesten Schlachtfelder: die Krankheit und den körperlichen Schmerz. Ihr bekämpft sie, und das erscheint den meisten von euch als überaus natürlich. Nichts ist aber unnatürlicher als das! Jegliche Krankheit, jeglicher körperliche Schmerz, ist ja nichts weiter als ein Indikator, ein Anzeichen dafür, dass in eurem Inneren an einer bestimmten Stelle ein starkes Ungleichgewicht entstanden ist. Die Krankheit, der Schmerz, wollen euch die Bitte eures Körpers vermitteln, euch um die Wiederherstellung einer tieferen Balance zu kümmern. Ihr Erwachenden wisst das schon seit einiger Zeit, aber selbst die meisten von euch fangen an zu kämpfen, wenn sie ernstlich krank werden. Sie gehen zum Arzt oder zum Heilpraktiker oder auch zum Heiler und erhoffen sich von ihm, dass er ihnen das wegmachen soll. Weil es lästig ist. Weil es Angst macht. Weil es so schwer zu ertragen ist. Weil ihr Angst vor dem körperlichen Tode habt.*

*Unser Aufruf an euch: Nehmt Krankheit und Schmerz einfach zunächst einmal an! Spürt in sie hinein und findet heraus, was sie euch sagen wollen. Spürt sie, lasst sie DA sein. Rationalisiert nicht, stellt keine theoretischen Hypothesen auf, sagt nicht: „Mit mir ist etwas nicht in Ordnung. Warum bin ich krank?" Das ist es nicht. Das ist schon Kampf und Widerstand. „Was will mir mein Körper sagen?" ist eine völlig andere Frage als „Warum bin ich krank?" Die meisten Erwachenden verwechseln diese Fragen aber noch. „Warum bin ich krank?" ist gleichbedeutend mit „Warum stimmt etwas nicht mit mir – ich bin doch so spirituell?" Du kannst spirituell sein und dennoch krank werden, das ist kein Widerspruch. Krank zu sein bedeutet nicht, dass du nicht in Ordnung bist. Du bist vollkommen in Ordnung und du machst überhaupt nichts falsch! Auf einer tieferen und höheren Ebene zugleich bist du vollkommen in Ordnung, vollkommen in Harmonie und Balance. Nur auf der rein menschlichen Ebene möchte etwas wieder nach Hause kommen, möchte etwas heil und ganz werden, sich erneut ins Gleichgewicht einpendeln. Es kann sein, dass ihr beschließt, etwas an eurer Lebensführung zu ändern, wenn ihr erkannt habt, was euer Körper euch sagen möchte. Aber der entscheidende erste Schritt für euch ist immer dieser: euch SO anzunehmen, wie ihr JETZT seid. Eure körperlichen Beschwerden anzunehmen und da sein zu lassen, ja, euren Schmerzen zu danken, dass sie diese Signalfunktion übernehmen. Dann gleich ihr einem Baum, der sich elegant und spielerisch im Winde wiegt, nicht ihm trotzt. Manchmal treibt der Sturm sehr wilde Spiele mit uns und reißt uns wohl auch schon einmal einen alten, morsch gewordenen Ast ab. Dann lassen wir daneben einen neuen Ast wachsen. Auch ihr dürft*

*Altes, morsch Gewordenes, das euch nicht mehr dient, in den Herausforderungen des Lebens fallen lassen. Zum Beispiel solche alten Glaubenssysteme, die den Menschen zum Wurm machen.*

Ines:
Vielen Dank, liebe Bäume! Gibt es noch mehr, das ihr hierzu mitteilen wollt?

*Die Bäume:*
*Oh ja. Wir möchten den Kreis schließen und an dieser Stelle auf den ersten Satz unserer Fichte zurückkommen: „Wenn der Sturm dich beutelt, sei biegsam." Aus unserer Sicht als Baum-Kollektiv möchten wir den Kommentaren der Fichte noch ein paar Sätze hinzufügen. Biegsam sein wie ein Baum. Trotzig sein wie ein Mensch im alten Bewusstsein. Ihr seht, hier könnt ihr Menschen von uns Bäumen lernen, nicht aber wir Bäume von euch Menschen – dann würden wir uns selbst sehr schaden. (Lachen) Nehmen wir mal ein Beispiel. Was könnte es in einer bestimmten menschlichen Situation bedeuten, biegsam zu sein wie ein Baum? Nehmen wir einmal an, eine Frau will ein kleines Unternehmen gründen, in ihre Selbstständigkeit gehen. Sofort stellen sich ihr alle möglichen Hindernisse in den Weg. Vielleicht will die Bank ihr keinen Existenz-gründerkredit geben. Oder die Miete für die Räume, die sie braucht, ist viel zu hoch. Oder es finden sich zunächst über-haupt keine geeigneten Räume. Oder es sieht so aus, als wären gar keine Menschen da, die sich für ihr Angebot interessieren. Wie kann die Frau damit umgehen? Natürlich kann sie gleich vor all diesen Herausforderungen kapitulieren. Das wäre, wie*

wenn ein Baum im Sturm sozusagen freiwillig umkippen wollte. (Heiteres Lachen) Sie kann auch anfangen zu kämpfen und zu trotzen. Das tun noch die meisten von euch. Sie wird dann sehr viele unangenehme Erfahrungen machen. Mit dem Kopf durch die Wand rennen zu wollen tut weh. Und die Wand ist stärker als ihr. Immer. Wenn ihr sie bekämpft. Die Frau kann aber auch flexibel sein wie ein Baum. Wie macht sie das? Zunächst einmal setzt sie sich an ihren Platz hin und verwurzelt sich, wie jeder Baum das tut. Dann lässt sie ihren Atem fließen, so wie das auch jeder Baum immer tut. Sie nimmt alles wahr, was IST. Auch das tut jeder Baum. Und sie nimmt es an. Wie jeder Baum. Sie läuft nicht davon und sie rennt nicht gegen Wände. Das tun Bäume nie. Was für ein abstruses Verhalten wäre das für einen Baum! Für einen Menschen ist es nicht weniger abstrus. Kämpft nicht mit Windmühlenflügeln, sondern beobachtet sie, wie sie sich anmutig im Winde drehen. Beobachtet wie die Bäume. Nehmt wahr, was ist, wie die Bäume. Nehmt an, was ist, wie die Bäume. Ja, wir wiederholen uns und wir wiederholen uns gern. Wir können es euch nicht oft genug sagen! Unsere Frau, wenn sie dies tut, wird schließlich beginnen, mit der herausfordernden Situation zu tanzen. Vielleicht sogar körperlich, aber das ist nicht notwendig. Sie wird neue Möglichkeiten wahrnehmen und erlauben, dass sie in ihr Leben kommen. Sie wird die Liebe ihrer eigenen Seele annehmen und entdecken, wie viele Geschenke diese ihr machen möchte. Und dann kann sie sich für alle möglichen Wunder öffnen und diese werden geschehen: Eine andere Bank wird ihr einen viel günstigeren Kredit geben, als sie zu hoffen gewagt hatte. Sie wird die passenden Räume finden und die Miete wird günstig sein. Und die Men-

*schen werden zu ihr kommen, ganz von alleine, ohne dass sie aggressive und teure Werbung machen muss. Probiert es doch selbst aus!*

Ines:

Schön! Vielen Dank! Können wir nun an dieser Stelle unseren Ersten Teil abschließen? Ihr habt mir ja inzwischen mitgeteilt, dass es noch zwei weitere Teile mit Kommentaren zu je 24 Sätzen geben wird.

*Die Bäume:*
*Ja. In vier Wochen schreiben wir weiter. Du brauchst jetzt eine längere Pause. Wir bleiben auf energetischer Ebene in Verbindung. Behüt dich Gott!*

# Teil 2

## Wachstums-Gesetze

Alte Buche im Laupheimer Schlosspark

Nun ist ein Monat vergangen, seit ich den ersten Teil beendet habe. Hinter mir liegt ein mehrtägiger Besuch im hessischen Kellerwald, einem erst seit zehn Jahren bestehenden Nationalpark. Ich habe dort den erneuten Ruf der Bäume gehört und auch Fotografien gemacht. Viele von ihnen stellten sich als unscharf heraus – als wenn der Wald seine Heiligkeit in Schleier hätte hüllen wollen...

Hier nun die nächsten 24 Sätze:

1. *Wachstum geschieht. Lasse ES geschehen*
2. *Sei da, wo du bist. Sei DA*
3. *Nimm an, was IST*
4. *Wachse von Innen nach Außen*
5. *Beachte die Zyklen*
6. *Rast geht vor Hast*
7. *Strecke dich nach der Sonne*
8. *Sauge den Regen auf*
9. *Singe mit den Sternen*
10. *Senke deine Wurzeln tief in die Erde*
11. *Höre nie auf zu wachsen*
12. *Vergiss die QUELLE nie*
13. *Alles, was du bist, ist schon im Samen*
14. *Gib allem Leben Raum*
15. *Sei gastlich*
16. *Kommuniziere*
17. *Verlierst du einen Ast, lasse einen neuen wachsen*

18. Wenn du rechts keinen Platz findest, wachse nach links
19. Alter bringt Würde
20. All-Ein bist du stark
21. Nimm dich an, wie du bist
22. Zufriedenheit begünstigt Wachstum
23. Kein Wachstum ohne Tod.
24. Leben und Sterben sind Eins

Für die Fortsetzung werde ich nach der Chronologie der Sätze vorgehen, obwohl einige sinngemäß zusammenzugehören scheinen, die nicht nebeneinander stehen. Aber die Bäume bitten mich, dies zu tun, denn ihre Sätze bauen aufeinander auf, auch wenn das momentan für mich nicht so ganz ersichtlich ist. Da manche Gedanken, die in den Wachstums-Gesetzen formuliert werden, auch schon im 1. Teil anklangen, fassen die Bäume sich nun kürzer.

Beginnen wir also mit dem ersten Satz, der aus zwei Teilen besteht:

### Wachstum geschieht. Lasse ES geschehen

Als Sprecher der Bäume tritt jetzt eine Dreiergruppe auf: eine alte Weide aus dem Schwäbischen Donaumoos sowie eine Buche und eine Eiche aus dem hessischen Kellerwald – beide ebenfalls sehr alt und weise.

*Die Bäume:*
*Seid uns gegrüßt, alle, die uns zuhören! Wir beginnen nun mit der zweiten Stufe unserer Unterweisung – denn als solche möchten wir dieses kleine Buch verstanden wissen. Ja, es ist richtig: Diese Wachstums-Gesetze bauen aufeinander auf und ein Satz entwickelt sich aus dem anderen. Ihr werdet das mit der Zeit auch wahrnehmen können.*
*Dass Wachstum geschieht und sich nicht „machen" lässt, ist für jeden Baum, für jede Pflanze eine Selbstverständlichkeit und wird von uns überhaupt nicht infrage gestellt. Für euch Menschen jedoch, die ihr noch in eurer alten Energie denkt*

und lebt, scheint dies so etwas wie eine Offenbarung zu sein. Immer wieder beobachten wir, wie ihr eure Seelen zum Wachstum zwingen wollt. Ihr grollt mit euch selbst, wenn es euch schwerfällt, gewisse Schritte zu tun, zu gewissen Entscheidungen zu stehen, etwas hinter euch zu lassen. Anstatt diese Schritte, diese Entscheidungen, einfach zu erlauben, setzt ihr euch unter Druck und wollt sie herbeizwingen. Stellt euch doch einmal einen Baum vor, der denkt: „Oh, jetzt muss ich einen neuen Zweig wachsen lassen und mein Stamm muss auch dicker werden. Wenn ich das nicht bewerkstellige, bin ich ein Versager!" Zum Lachen, nicht? Grotesk. Denn was tut der Baum? Er lässt das Wachstum einfach geschehen. Nicht so ihr Menschen. Ihr glaubt, ihr müsstet ganz viel dafür „machen", dass ihr wachst. Wie könnt ihr also lernen, es uns gleichzutun? Wir geben euch eine kleine

## Übung:

*Setze dich mit aufrechtem Rücken auf einen Stuhl und schließe die Augen. Lasse dich bewusst in deinen Körper sinken, fange an, deinen Atem zu beobachten, den du weich fließen lässt. Du brauchst nichts zu forcieren, schon gar nicht dein Atmen. Lass es einfach da sein und ein und aus strömen. Beobachte sodann, wie aus deinen Fußsohlen deine Wurzeln bis tief in die Mitte der Erde hinein zu wachsen beginnen. Wenn du spürst, dass die Wurzeln das Erdzentrum erreicht haben, lenke deine Aufmerksamkeit auf deine Aura. Spüre sie um dich herum wabern und wachsen. Ja, erlaube deiner Aura sich auszudehnen und immer mehr und immer mehr Raum einzunehmen – bis sie die ganze Erde einhüllt.*

*Und dann atme die Liebe deiner eigenen Seele ein, die deine Aura erfüllt. Verharre in dieser Weise, solange es dir angenehm ist. Anschließend kehre zurück in dein Alltags-Hier-und-Jetzt, indem du Hände und Füße, Arme und Beine bewegst, dich streckst und dehnst, die Augen öffnest und die Umgebung um dich her bewusst wahrnimmst.*

Ines:
Vielen Dank! Eine Frage habe ich noch: Warum sollte ich im zweiten Teil das „ES" in Großbuchstaben schreiben?

*Die Bäume (lächelnd):*
*„ES" meint das Göttliche, das Alles ist und das du selbst bist, und dieses will wachsen und sich entfalten dürfen. Es kann dies aber nur, wenn du ihm das erlaubst, denn du verfügst als Mensch über einen freien Willen. Dieses Erlauben könnt ihr auf die eben beschriebene Weise einüben.*

Ines:
Sehr schön! Ich werde es bald ausprobieren. Dann möchte ich zum Satz 2 kommen:

### *Sei da, wo du bist. Sei DA*

*Die Bäume:*
*Nun, wie ihr alle wisst, ist es für eine Pflanze, für einen Baum, unmöglich, woanders zu sein als dort, wo sie/er ist, denn sie ist mit ihrer physischen Gestalt fest im Erdboden verwurzelt. Ein Baum ist aber auch mit seinem höheren Bewusstsein präsent, also DA, an dem Ort, wo er seine Wurzeln geschlagen*

*hat. Er möchte auch genau dort sein und kommt niemals auf die Idee sich von dort fort zu bewegen. Ihr Menschen habt physisch zwei Beine und außerdem alle möglichen weiteren Fortbewegungsmittel entwickelt. Mit eurem Bewusstsein befindet ihr euch so gut wie nie im Hier und Jetzt, seid selten zufrieden mit dem Ort, an dem ihr euch gerade befindet. Ihr seid auch äußerst selten zufrieden mit dem Körper, in dem ihr lebt – mal ist er euch zu dick, mal zu dünn, mal zu groß, mal zu klein, zu krumm oder zu gerade, zu haarig oder zu kahl... Weil ihr also ständig am liebsten woanders sein wollt als dort, wo ihr seid, seid ihr selten präsent in eurem Körper. Ein Baum ist Eins mit seiner physischen Gestalt. Ihr nicht. Merkt wohl, wir verurteilen euch nicht etwa deswegen, wir stellen dies nur fest. „Sei DA, sei in deinem Körper präsent an dem Ort, wo er sich befindet", ist, wir wissen es, für euch eine Aufforderung, die extrem herausfordernd ist. Auch hier ist Übung notwendig, und wir geben euch keine neue Übung, sondern wieder dieselbe – wir schlagen euch überhaupt nur diese einzige Übung vor, die ihr möglichst täglich praktizieren solltet. Um das Präsent sein einzuüben, dürft ihr einfach die Aufmerksamkeit besonders auf eure Wurzeln lenken. Wenn ihr nämlich eure Wurzeln spürt, könnt ihr gar nicht anders als im Körper und an eurem Fleck zu bleiben!*

Ines:
Wie aber können wir lernen, diesen unseren Körper anzunehmen und ihn so zu lieben, wie er gerade ist?

*Die Bäume:*

*Wenn ihr die genannte Übung regelmäßig praktiziert und dabei immer wieder auf eure Wurzeln achtet, wird sich diese Wertschätzung nach einer Weile ganz von selbst einstellen. Auch hier beobachten wir wieder, wie ihr etwas „machen" wollt – in diesem Falle das Annehmen eures Körpers.*

Ines:
Präsent sein, DA sein, bedeutet das zugleich auch, dass man sich dann quasi automatisch auch im Jetzt aufhält?

*Die Bäume:*
*Nicht automatisch, nein, aber es wird dir leichter fallen im Jetzt zu verweilen, wenn du ganz Hier bist. Was wir noch hinzufügen möchten: DA sein bedeutet immer auch, bewusst sein und sich in die Position eines neutralen Beobachters begeben. Es bedeutet also: achtsam sein. Du wirst dann immer weniger eine Beute der Emotionen deiner Anteile[5] sein.*

Ines:
Ihr Bäume seid neutrale Beobachter?

*Die Bäume:*
*Aber ja! Wir sind stets im Hier und Jetzt präsent und damit befinden wir uns außerhalb der urteilenden und wertenden Dualität. Daher fällt uns auch die Befolgung des dritten Satzes überhaupt nicht schwer, der lautet:*

---

[5] Anteile: Gemeint sind abgespaltene Seelenanteile, Näheres hierzu weiter unten.

## Nimm an, was IST

*Ein Baum hadert nicht mit seinem Standort, mit seiner Gestalt, mit dem Sturmwind, der durch seine Zweige fährt. Er hadert nicht einmal mit euch Menschen, die ihr Missbrauch mit uns betreibt, indem ihr uns als nützliche oder nutzlose Objekte behandelt – je nachdem, wie es euch passt. Ein Baum nimmt an, was ist, und das bedeutet, er nimmt an, was IST, nämlich das Göttliche in Allem und in Allen. Ihr Menschen, solange ihr euch im alten Bewusstsein befindet, hadert und kämpft mit euren Lebensumständen, mit euren Körpern, mit anderen Menschen, mit Gott oder dem „Schicksal". Manche von euch glauben, dass Gott sie „straft", wenn sie eine schwere Krankheit, einen Unfall oder einen sonstigen „Schicksalsschlag" bei sich oder ihren Lieben erleben. Ihr Erwachenden wisst, dass Gott niemals irgendeines seiner Kinder für was auch immer „bestraft" – die Strafenden und Verurteilenden sind immer die Menschen selbst. In eurem alten Bewusstsein denkt ihr dabei, im Sinne des Göttlichen zu handeln. Dem ist nicht so! Aber kommen wir zurück auf euren Kampf. Er richtet sich im Tiefsten und in Wirklichkeit gegen euch selbst und gegen eure eigenen göttlichen Seelen.*

Ines:
Diese letzte Aussage verstehe ich nicht so ganz.

*Die Bäume:*
*Nun, indem ihr alles bekämpft, was euch dienen will, haltet ihr den natürlichen Fluss von allem was ist an. Es entsteht ein Energiestau, eine Energieblockade, sodass eure Seele euch*

*nicht die Liebe und die Unterstützung zukommen lassen kann,*
*die sie euch geben möchte.*

Ines:

Ihr sagt also, dass Krankheiten und Schicksalsschläge aller Art
uns dienen wollen.

*Die Bäume:*

*Ja, denn sie sind immer Ausdruck von Ungleichgewicht in*
*euch selbst, in eurem Leben, in eurer Umgebung, und darauf*
*möchten sie euch aufmerksam machen. Sie sind wie rote*
*Signallampen, die blinken, wenn zum Beispiel eine Maschine*
*defekt ist. Kein Mechaniker würde auf die Idee kommen, die*
*kleine Birne herauszuschrauben und dann zu behaupten, er*
*habe die Maschine repariert. Eure Ärzte aber, die manchmal*
*eure Krankheitssymptome beseitigen, behaupten euch Heilung*
*gebracht zu haben.*

Ines:

Ich möchte einmal bei dem Beispiel „Krankheit und Heilung"
bleiben, weil es für uns so ein großes Thema ist. Schlagt ihr
vor, dass ein kranker Mensch zunächst einmal seine Krankheit
annehmen sollte?

*Die Bäume:*

*Ja! Er sollte, wie die junge spirituelle Lehrerin Lea Hamann*
*einmal formuliert hat, „ankommen mitten in diesem ganzen*
*Desaster". Sich mitten hinein begeben, das Ungleichgewicht*
*fühlen und erfahren, das die eigentliche Ursache der Krank-*
*heit ist. Damit SEIN. Mitgefühl mit sich selbst entwickeln. Hei-*

*lung geschehen lassen. Über dieses Thema möchten wir, wenn du magst, in einem anderen Zusammenhang, also außerhalb dieses Buches, noch genauer mit euch sprechen.*[6]

Ines:

Sollen wir denn auch das ganze Desaster annehmen, das das alte Bewusstsein des Mangels und der Gier auf unserer Erde angerichtet hat?

*Die Bäume (lächelnd):*
*Zunächst einmal – ja: Mit dem Gefühl darin ankommen, es erspüren, Mitgefühl haben auch mit den Mächtigen in Wirtschaft und Politik, die die meiste Verantwortung dafür zu tragen haben. Es geht nicht darum, diese Mächtigen zu bekämpfen! Es geht darum, in eure eigene Kraft und Macht zu gehen und euch ihrer Manipulation zu entziehen.*

Ines:

Wow, ich glaube, hier schließt sich geradezu nahtlos der vierte Satz an:

## Wachse von Innen nach Außen

*Die Bäume:*
*Oh ja! Für uns Bäume bedeutet er: Alles, was wir sind und werden, ist in unserem Inneren angelegt und wir lassen es nach Außen Wirklichkeit werden. Für euch Menschen gilt das auch, und in einer noch komplexeren Weise. „Von Innen nach*

---

[6]Siehe Ines Nandi, Das Heilwissen der Bäume und die Botschaft vom Wind, Ch.Falk-Verlag, 2014

*Außen" wachsen heißt für euch vor allen Dingen, dass die innere Entwicklung vor den Handlungen im Außen stehen muss. Das bedeutet auch, dass eure feminine Seite stets den Anfang machen muss; wir meinen zum Beispiel das Wahrnehmen und Annehmen von Potenzialen, das Atmen mit ihnen, das Sich öffnen dafür. All dies ist der „Job" eurer weiblichen Schöpfer-Seite. Erst wenn ihr spürt, dass das Potenzial bereit dafür ist in physischer Gestalt Wirklichkeit anzunehmen, kommt eure maskuline „Macher"-Seite ins Spiel. So wachst und erschafft ihr in der Neuen Energie. In der alten Energie war – und ist noch bei den meisten von euch – eure feminine Seite ausgeschaltet: Ihr habt mit dem maskulinen Verstand Pläne gemacht und diese mehr oder weniger erfolgreich in die Tat umgesetzt. Auf diesem Wege konntet ihr aber nie in eure eigene Kraft kommen, denn diese ist tief in eurem Inneren verankert und kann nur mit Hilfe des femininen Schöpferweges zur Geltung und nach Außen gebracht werden.*

Ines:
Von Innen nach Außen zu wachsen ist also das Geheimnis des erwachten Menschen.

*Die Bäume:*
*Sehr schön formuliert, ja! Und ein erwachter Mensch hat es nicht mehr nötig zu kämpfen, gegen wen oder was auch immer. Er ist auch immun gegen Machtspiele und Manipulationen von anderen. Niemand hat mehr Macht über ihn, und er übt selbstverständlich auch keine Macht über andere aus, denn er interagiert mit ihnen von Göttlichem Wesen zu Göttlichem Wesen. Das heißt, er respektiert die eigene Kraft des anderen.*

Ines:

Eine Welt von Erwachten ist damit natürlicherweise eine Welt ohne Gewalt, Missbrauch, Ausbeutung, Krieg und Zerstörung.

*Die Bäume:*

*Selbstverständlich. Es gibt nur diesen einen Weg ins Neue: Das schrittweise Erwachen der gesamten Menschheit über ein Wachstum des Einzelnen von Innen nach Außen.*

Ines:

Der fünfte Satz lautet:

**Beachte die Zyklen**

Inwiefern baut er auf dem vierten Satz auf?

*Die Bäume:*

*Ganz einfach: Das Wachstum von Innen nach Außen verläuft immer in Zyklen. Schau doch uns Laubbäume in den Gemäßigten Zonen im Zyklus der Jahreszeiten an, da hast du die schönste Illustration dieses Satzes. Im Winter ziehen wir all unsere Kraft in unser Inneres ein. Wir tragen weder Blüten, noch Blätter, noch Früchte. Aber es könnte ohne unsere Winterruhe im Inneren kein Austreiben von Blüten und Blättern im Frühjahr und im Sommer geben und kein Reifen von Früchten im Herbst! Im Winter bereitet unsere weibliche Schöpferkraft im Inneren unsere äußeren Aktivitäten in den anderen Jahreszeiten vor. Wir scheinen „tot" und unfruchtbar zu sein in der*

*kalten Jahreszeit – in Wirklichkeit sind wir in unserem Inneren*
*unerhört aktiv, lebendig, fruchtbar!*

Ines:
Ihr atmet also sozusagen im Winter mit euren späteren Schöpfungen.

*Die Bäume:*
*Genau. Wir atmen wirklich! Und nun zu euch Menschen. Eine*
*jede eurer Schöpfungen spielt sich in Zyklen ab. Empfängnis –*
*Geburt – Wachstum – Tod bzw. Ende von etwas Altem; Emp-*
*fängnis und Geburt von etwas Neuem, und so weiter. Jede*
*Schöpfung hat einen Anfang, eine Wachstumsperiode und ein*
*Ende, jede. Denke nur an dieses Buch, das wir hier gerade*
*miteinander schreiben. Ist es nicht so? Oder denke auf einer*
*größeren Ebene an Imperien, sei es in Wirtschaft oder Politik,*
*die begründet werden, wachsen und sich für eine Zeitlang*
*stabilisieren, dann aber wieder zerfallen. Es gibt kein Impe-*
*rium, das jemals ewigen Bestand hatte, noch haben wird. Je*
*mehr sich Machthaber an ihre Aufrechterhaltung klammern,*
*desto mehr werden sie den Zerfall beschleunigen. Auch be-*
*schäftigt sich ein Mensch in einem bestimmten Leben nie mit*
*nur einer einzigen Schöpfung. Es gibt in einem Leben einen*
*ständigen Wechsel zwischen Phasen des Erschaffens einerseits*
*und Phasen des Empfangens andererseits. Auch dies sind Zyk-*
*len, die notwendigerweise so sind.*

Ines:
Ja, das sehe ich jetzt auch so. Im alten Bewusstsein geht es immer nur darum „aktiv" zu sein. Die feminine Seite, das Emp-

fangen, wird total abgewertet bzw. überhaupt nicht gesehen. Dabei hat das Empfangen genau mit dem Wachsen von Innen zu tun, nicht wahr?

*Die Bäume:*
*Genau. Hierzu passt wiederum unser sechster Satz:*

### Rast geht vor Hast

*Unter „Rast" verstehen wir das Verweilen – sei es, um Geschehenes oder Getanes zu verarbeiten, sich „setzen" zu lassen, sei es, um Neues zu empfangen. Die meisten Menschen halten nicht viel vom Rasten. Sie werten es sogar als „Faulheit" ab. Wenn ihr aber uns Bäume genauer beobachtet, werdet ihr feststellen, dass unser Wachstum sich in Schüben, in Phasen, vollzieht. Es gibt nicht nur die saisonale Winterrast, es gibt auch kleinere Pausen in unserem Wachstum während der eigentlichen Wachstumszeiten. So solltet auch ihr im Großen wie im Kleinen immer wieder Pausen einlegen, und das ganz bewusst. Immer dann, wenn ihr einen wichtigen Schritt getan habt, sei er nun ganz klein oder ziemlich groß, haltet für eine Weile inne und schaut ihn euch an. Haltet inne und empfangt den Impuls für den nächsten Schritt von eurer Seele. So könnt ihr ganz natürlich und organisch spirituell weiterwachsen. Wir können die Bedeutung des Rastens gar nicht stark genug betonen! Immer „produktiv" sein, möglichst schnell und pausenlos aktiv sein, das ist ungeheuer unnatürlich, gegen alle natürlichen und kosmischen Gesetzmäßigkeiten. Auch kannst du zum Beispiel, wenn du dieses Buch entgegen deinen inneren natürlichen Rhythmen einfach voran zwingen willst, nie-*

*mals wirklich die volle Bedeutung dessen erfassen, was wir dir mitteilen wollen, und du wirst „falsch channeln", also Einflüsterungen von abgespaltenen Seelenanteilen oder von Dämonen des alten Bewusstseins (aus dem Kollektivbewusstsein der Menschheit in der alten Energie) aufschreiben. Du wirst nicht im Fluss sein.*

Ines:

Ja, ich sehe und ich spüre, wie Recht ihr habt. Momentan bin ich im Fluss und das fühlt sich unglaublich angenehm an. Hast hingegen, also das Voran zwingen wollen von Schöpfungen, fühlt sich beklemmend und einengend an.

*Die Bäume:*

*Sehr wohl. Und du kannst die Aufforderung des siebten Satzes nur befolgen, wenn du von der Hast ablässt und immer wieder bewusst die gesetzmäßigen und natürlichen Pausen einlegst. Unser siebter Satz lautet:*

## Strecke dich nach der Sonne

*Für Pflanzen, für Bäume, ist diese Aussage wieder eine Selbstverständlichkeit. Jede Pflanze wächst zur Sonne hin, denn von dort kommt ihr Nahrung, Energie. Menschen in der alten Energie jedoch wachsen in aller Regel nicht dem Lichte zu. Das Licht steht hier für Bewusstsein und für nährende Energie. Es ist euer eigenes inneres göttliches Licht und das Bewusstseinslicht aus dem Kosmos. Die alte Energie fürchtet sich vor der Bewusstheit, denn die schlafenden Menschen, die vergessen haben, wer sie wirklich sind, haben in früheren Le-*

ben „schlechte Erfahrungen" gemacht, wenn sie nach den Gesetzen ihrer eigenen Seele, nach den Gesetzen des Lichtes, lebten. Denke nur an die Erfahrungen der weisen Frauen, die als Hexen gefoltert und verbrannt wurden. Du selbst warst eine von ihnen, nicht nur einmal. Die alte Energie fürchtet das Erwachen, das Licht der Sonne. Es blendet sie, sie hat Angst, von diesem Licht vernichtet zu werden. Sie stellt sich ihre eigentliche Heimkehr als Tod im Sinne von Vernichtung vor. In Wirklichkeit geht dabei die niederfrequente Schwingung in der höheren auf, wird EINS. Alle alte Energie wird nach und nach auf diese Weise heimkehren, aber dieser Prozess erfordert in eurer Sphäre eine gewisse Zeit. Es hängt von jedem einzelnen erwachenden Menschen ab, wie lange er für das Gesamtkollektiv dauern wird. Jeder Einzelne ist immens wichtig dabei!

Ines:
Hat die Aufforderung, sich zu „strecken", etwas mit Bemühung oder Anstrengung zu tun?

*Die Bäume (lachen):*
*Nein, nicht doch! Strengt ein Baum sich an, wenn er zur Sonne hin wächst? Erfährt er dies als unangenehme Arbeit? Aber nein! Im Gegenteil, es ist eine sehr lustvolle Angelegenheit für uns, die Sonne zu spüren und uns ihr entgegenzustrecken. Nur Menschen im alten Bewusstsein empfinden das Sich strecken als Arbeit und Mühe. Wenn du dich aber bewusst ins Neue hinein wachsen lässt, dann erfährst du das Licht als sehr angenehm. Je bewusster du wirst, desto mehr befindest du dich in deiner eigenen Mitte, und je mehr du dich in deiner eigenen Mitte befindest, desto bewusster wirst du. Das „Sich*

*strecken" ist nichts als ein Bild für dein inneres Wachsen,
denn wenn du wächst, dann streckst du dich ja und wirst größer.*

Ines:
Stimmt. Und was hat es nun mit dem achten Satz auf sich? Er
lautet:

### Sauge den Regen auf

*Die Bäume:*
*Sonne und Regen gehören zusammen. Beide werden in ausrei-
chendem Umfang benötigt, damit Wachstum geschehen kann –
auf den physischen wie auf den spirituellen Ebenen. Wir Bäume saugen den Regen wörtlich auf, nämlich über unsere Wurzeln aus dem Boden, in den er eingesickert ist. Ihr Menschen
könnt feinstoffliches Wasser des Lebens mithilfe eurer feinstofflichen Wurzeln aus der Erde aufsaugen. Praktiziert dies
bitte regelmäßig, wenn ihr die von uns gegebene Übung
durchführt, ihr braucht es. Wir haben im ersten Teil ja schon
ausführlicher über das Wasser und seine Funktionen auf den
verschiedenen Seinsebenen gesprochen. Ohne Licht und Bewusstsein kein Leben und kein Wachstum, ohne Wasser kein
Leben und kein Wachstum! Außerdem möchten wir euch noch
auf die Bedeutung des Wassers – auf allen Ebenen – für die innere und die äußere Reinigung hinweisen. Scheut euch daher
nicht, gelegentlich einmal einen ordentlichen Regenguss abzu-
bekommen, besonders in der warmen Jahreszeit. Das schadet
euch nicht, im Gegenteil: Es ist erfrischend und reinigend
zugleich. Spürt einmal hinein, wie fühlt sich das für euch an?*

Ines:

Die meisten von uns werden ungern nass und mögen den Regen nicht. Kleine Kinder aber lieben ihn und haben ein großes Vergnügen daran, in Pfützen zu planschen. Die heutigen jungen Eltern erlauben ihnen das auch manchmal; die Generation meiner Eltern hat es uns verboten und uns die Freude daran weg trainiert.

*Die Bäume:*

*Ja, leider. Ihr könnt es aber wieder einüben, euch am Regen zu freuen. Es fängt schon mit eurem Sprachgebrauch an: Sagt nie mehr „schlechtes Wetter", wenn es regnet. Sagt stattdessen einfach „Regenwetter", das ist neutral und enthält keine Wertung.*

Ines:

Ich muss gerade lächeln, weil die Regentropfen, die jetzt eben fallen, manchmal auf dem Geländer unseres Balkons kleine Fontänen hoch hüpfen lassen, das sieht lustig aus.

*Die Bäume:*

*Ja, der Regen hat so viele interessante Seiten. Es gibt viele verschiedene Arten von Regen. Ihr könnt damit anfangen ihn zu beobachten, ihn zu studieren. Auch das bedeutet im übertragenen Sinne, ihn aufzusaugen.*

Ines:

Sehr schöner Hinweis, danke! Nun möchte ich euch nach der Bedeutung des neunten Satzes fragen:

## Singe mit den Sternen

*Die Bäume:*
*Wir wissen, dass die Menschen in eurem Kulturkreis sich früher den Kosmos als in Sphären aufgeteilt vorstellten und glaubten, diese sich drehenden Sphären machten Musik. Sie sprachen auch von „Sphärenklängen". Diese Auffassung war zwar vielleicht nicht „wissenschaftlich", aber gar nicht so dumm, denn das Universum ist tatsächlich von Musik, von Klängen, erfüllt. Die Sterne singen tatsächlich! Wir Bäume können das hören, ihr Menschen mit euren physischen Ohren nicht. Wir Bäume singen allnächtlich tatsächlich mit den Sternen, indem wir mit unseren Blättern, Nadeln, Zweigen rascheln und uns tanzend dazu im Winde wiegen. Ihr Menschen, lauscht nach Innen, in euren inneren Kosmos, dort könnt auch ihr die Sterne singen hören! Und dabei nehmt die Freude auf, die sie euch mitbringen wollen, die ursprüngliche Lebensfreude des Schöpfers und des Erschaffenen! Die Freude zum einen des Ursprünglichen Schöpfers, des Göttlichen Geistes, und dann auch die Freude eines jeden Erschaffenen Schöpfers. Denn alles, was vom Göttlichen Geiste erschaffen wurde, ist selbst Geist vom Geiste und dadurch Mitschöpfer. Nicht nur ihr Menschen, auch wir Bäume sind Mitschöpfer, denn wir erschaffen uns selbst aus unserem Samen und wir erschaffen die Erdatmosphäre mit und wir erschaffen mannigfache weitere Bedingungen für andere Spezies, die von uns abhängig sind. Ihr Menschen aber erschafft ebenfalls euer eigenes Leben und euch selbst, und euer Erschaffen hat gewaltige Auswirkungen auf die ganze Erde. Da ihr im alten Be-*

*wusstsein aber unbewusst erschafft, in der Illusion der Tren-*
*nung von Gott und allem Erschaffenen, seid ihr euch eures*
*Schöpferseins und eurer Verantwortung für euch selbst und*
*den Planeten kaum oder überhaupt nicht bewusst. So sind wir*
*glücklich über jeden einzelnen erwachenden Menschen, der*
*sich wieder daran zu erinnern beginnt, wer und was er wirk-*
*lich ist!*

Ines:

„Singe mit den Sternen" ist also eine Aufforderung, uns auf
unser Schöpfersein zurückzubesinnen und auf diesem Wege in
die Seins-Freude zu gehen.

*Die Bäume:*
*So ist es. In der Musik, im Singen, drücken sich viele Gefühle*
*aus, vor allem anderen aber die Seins-Freude. Und diese*
*Seins-Freude ist in erster Linie die Freude am Schöpfersein.*
*Sie entsteht, wenn ihr euch auf eure ureigene Kraft besinnt,*
*auf die Ermächtigung zum Erschaffen, die euch in die Wiege*
*gelegt wurde und also euer Erbe ist, wie sie das Erbe eines*
*jeden Wesens ist, sei es Pflanze, Tier oder auch Stein. Einzig*
*der Mensch allerdings hat diese seine Bestimmung vergessen*
*und ist andere Wege gegangen als der Rest der Natur. Ihr habt*
*dadurch auch einzigartige Erfahrungen machen können, die*
*bereichernd sind, sobald ihr wieder beginnt euch an euer*
*wahres Wesen zu erinnern!*

Ines:

Ja... Diese unsere Erfahrungen haben uns allerdings über
lange Jahrtausende sehr, sehr weit von unserer göttlichen Mitte

entfernt, sodass wir die Sterne in unserem Inneren schon lange nicht mehr singen hören können.

*Die Bäume:*

*Umso wichtiger ist es für euch – und damit auch für uns, die wir so eng mit euch verwoben sind – wenn ihr nun beginnt nach Innen zu lauschen. Das ganze Universum ist IN euch! Nehmt es wieder wahr!*

Ines:
Diese letzte Mitteilung finde ich ganz besonders wichtig. Habt vielen Dank dafür!
Euer zehnter Satz sagt:

## Senke deine Wurzeln tief in die Erde

*Die Bäume:*
*Ja, dies ist ein sehr wichtiges Wachstums-Gesetz, worüber wir im ersten Teil schon einiges gesagt haben. Wir möchten noch einmal hervorheben: Für einen Baum sind die Wurzeln ebenso wichtig wie seine Krone und ihr Umfang muss dem der Krone entsprechen, sonst würde er einfach umfallen. Da ihr Menschen auf zwei Beinen geht, vergesst ihr oft die Bedeutung eurer feinstofflichen Wurzeln, die für euch aber ebenso wichtig sind wie für uns Bäume unsere physischen Wurzeln. Ohne eure feinstofflichen Wurzeln immer wieder neu wachsen zu lassen, könnt ihr in der Tat im Prozess des Erwachens zu Euch Selbst nicht wirklich vorankommen. Es ist für jeden erwachenden Menschen essenziell, dass er sowohl über seine Wurzeln mit der Erde, als auch über seine feinstoffliche Krone mit dem*

*Kosmos verbunden ist. Dabei ist die bewusste Verwurzelung im Mutterboden der Erde das Primäre – ohne diese Verwurzelung ist kein wirkliches spirituelles Wachstum möglich! Wir wiesen euch schon darauf hin, dass ihr eure Wurzeln bis tief hinein ins Zentrum des Planeten wachsen lassen könnt und auch solltet. Immer wieder neu, denn solange ihr noch nicht vollständig erwacht seid, kommen immer wieder Seelenanteile ins Spiel, die Erlösung benötigen und viel Angst haben. Solange diese nicht in eure Höhere Seele zurückgekehrt sind, passiert es euch wieder und wieder, dass ihr euch eure Wurzeln selbst abschneidet, worauf wir auch schon hinwiesen. Ein vollständig erwachter Mensch hingegen ist wie ein gesunder Baum: Er ist Eins mit Erde und Kosmos zugleich; er ist dauerhaft verwurzelt und dauerhaft nach Oben verbunden. Auch ist er bewusst mit allen anderen Menschen und den übrigen Wesen auf der Erde verbunden.*

Ines:
Es ist mir wichtig, dies noch einmal zusammengefasst zu hören. Dann möchte ich nun zum elften Satz kommen:

## Höre nie auf zu wachsen

*Die Bäume:*
*Das ist ein besonders wichtiges Gesetz! Ihr Menschen habt nämlich in eurem alten Bewusstsein die Tendenz zu denken, dass ihr irgendwann „perfekt" und „fertig" wäret. Ihr stellt euch vor, mit dem Augenblick des Erwachens höre alle Entwicklung, alles Wachstum, auf, denn danach gäbe es nichts Neues mehr zu lernen und zu erfahren. Weit gefehlt! Wachs-*

*tumsstopp ist gleichbedeutend mit Tod! Ein jeder Baum, und sei er tausend Jahre alt oder älter, wächst, solange er lebendig ist. Und wenn es auch nur noch einen Stamm-Stumpf von ihm gibt – solange der Baum lebt, treibt er Zweige aus diesem Stumpf aus und sein Stamm wird weiter immer dicker. Du hast einen solchen Baum im hessischen Kellerwald gesehen und sogar fotografiert.*

Ines:

Das stimmt. Dann erzählt uns doch noch ein wenig über das Wachstum beim erwachten Menschen.

*Die Bäume:*

*Sehr gern, denn für euch Erwachende ist es wichtig einiges darüber zu wissen, damit ihr im entscheidenden Augenblick nicht in Zweifel geratet. Also: Mit dem Erwachen wachst ihr nicht nur weiter, sondern der Augenblick des Erwachens ist sogar in gewisser Weise der Beginn eures „eigentlichen" Wachstums, nämlich des Wachstums als voll bewusste Wesen. Nach jahrtausendelangem Dornröschenschlaf reibst du dir die Augen, bist für eine Weile noch zwischen Traum und Wachen befangen, und dann, endlich, eines Tages, öffnest du deine Augen wirklich! Du siehst die Welt um dich herum mit einem Male völlig neu, weil du dich selbst völlig neu siehst. Und nun kannst du erst richtig zu wachsen beginnen, weil du bewusst wächst, das heißt, du triffst bewusste Wahlen, bewusste Entscheidungen, die im Einklang mit der Liebe zu Dir Selbst und zu Allem Was Ist sind. Bewusste Wahlen für dich zu treffen, das ist das A und O deines Wachstums als erwachter Mensch. Würdest du wieder ins unbewusste Erschaffen zu-*

*rückfallen, unbewusst auf Situationen und auf andere Menschen reagieren, so würdest du notwendigerweise wieder einschlafen und damit aufhören als Erwachter zu wachsen. „Höre niemals auf zu wachsen" bedeutet also auch, stets in der Achtsamkeit zu verweilen, denn ohne Achtsamkeit kein Wachsein und ohne Wachsein kein Wachstum als Erwachter. Nun möchten wir an dieser Stelle sehr nachdrücklich einen weit verbreiteten Irrtum ausräumen, nämlich dass es im Leben eines erwachten Menschen keine Herausforderungen mehr geben könnte. Dem ist nicht so! Ihr braucht euch nur das Leben des Meisters Yeshua/Jesus anzuschauen, um zu erkennen, dass wir die Wahrheit sprechen. Yeshua war ein Erwachter – und seht, welchen Herausforderungen er sich stellte! Die Herausforderungen, die auf euch zukommen werden, werden andere sein – niemand wird euch mehr foltern und töten, weil ihr den Weg eurer Seele geht. Aber „Stürme" muss es geben, damit ihr wachsen könnt, auch wenn diese nicht mehr eure materielle oder gar physische Existenz infragestellen werden. Aber gerade in dieser Übergangszeit ins Neue werdet ihr als Erwachte einigem Kopfschütteln und einigem Unverständnis begegnen, gerade auch in eurer nächsten Umgebung, in Familie und Bekanntenkreis. Viele von euch Erwachenden kennen es schon: Freunde wenden sich von euch ab, sogar Partner gehen, die Familie grenzt euch wegen eures „Andersseins" aus. Das endet natürlich nicht unbedingt mit dem Augenblick eures Erwachens – eher im Gegenteil. Ein erwachter Mensch wirkt immer sehr polarisierend auf seine Umgebung: Die einen fühlen sich wie magisch von dem Licht angezogen, das er verstrahlt, die anderen scheuen eben dieses Licht und gehen fort, manchmal nicht ohne Aggressivität.*

Ines:
Kann ein erwachter Mensch noch krank werden?

*Die Bäume:*
*Das ist eine wichtige Frage, denn auch hier ist der Irrtum un-*
*ter Erwachenden sehr weit verbreitet, dass dies nicht der Fall*
*sei. Wir sagen aber: Ja, das kann durchaus vorkommen und ist*
*in keiner Weise ein Indiz dafür, dass dieser Mensch nicht er-*
*wacht sei. Euer physischer Körper kann auch nach dem spiri-*
*tuellen Erwachen noch einige Prozesse benötigen, um voll-*
*ständig zu heilen, denn die Materie ist viel träger als der Geist*
*und entwickelt sich daher langsamer.*

Ines:
Interessant! So wie ich euch verstehe, kämen Krankheiten bei
einem erwachten Menschen also noch in der Anfangszeit vor.

*Die Bäume:*
*Richtig. Später, fünfzig oder hundert Jahre später vielleicht, ist*
*der Erwachte in der Neuen Energie dann so heil, dass sein*
*Körper in der Tat nicht mehr erkranken wird. Es wird bei je-*
*dem Individuum anders sein, denn jeder bringt eine andere*
*Vergangenheit und Erfahrung mit. Menschen, die besonders*
*viele Lebenszeiten mit herausfordernden Erfahrungen hinter*
*sich haben, werden mit der vollständigen Heilung ihres physi-*
*schen Körpers voraussichtlich länger beschäftigt sein als an-*
*dere. Jede Krankheit gleicht dabei einem Sturm, stellt eine*
*Herausforderung dar, die ihr für euer spirituelles Wachstum*
*nutzen werdet.*

Ines:
Vielen Dank für diese sehr erhellenden Ausführungen! Euer zwölfter Satz enthält die Aufforderung:

**Vergiss die QUELLE nie!**

*Die Bäume:*
*So ist es. Wer die QUELLE des Göttlichen in Sich Selbst vergisst, der fällt in tiefen Schlaf zurück. Ein Baum ist sich dieser unermesslichen Quelle der Fülle, der Liebe und Weisheit stets bewusst, und sein Wissen darum vertieft sich mit jeder weiteren Herausforderung, mit jeder weiteren Erfahrung. Ihr Menschen hingegen habt euch über Jahrtausende hinweg mit jeder Herausforderung, jeder Erfahrung, weiter von der Quelle entfernt, zumal da ihr das Göttliche irgendwann nach Außen und „Oben" projiziert habt. Deshalb schauen heute noch eure Fußballer, die um ein Tor beten, nach Oben und bekreuzigen sich... In der alten Energie dachten und denken die Menschen auch, Gott sei parteiisch; das ging so weit, dass eure Priester vor nicht so langer Zeit die Kanonen segneten, mit denen ihr auf eure menschlichen Brüder und Schwestern geschossen habt. Einen parteiischen Gott kann man sich aber nur vorstellen, wenn man ihn nach draußen projiziert. Dasselbe gilt für die Vorstellung von einem kriegerischen Gott... In Wahrheit ist aber die göttliche Quelle weder parteiisch, noch kriegerisch. Sie IST einfach, und sie IST in jedem Wesen stets präsent, ob es dies nun wahrnimmt, oder eben auch nicht. Das Göttliche ist in Allen und in Allem – wie sollte ES Partei nehmen gegen Sich Selbst? Also, „Vergiss die QUELLE nie!"*

*verweist euch darauf nach Innen zu schauen, wo sie IST und dieser Satz fordert euch keineswegs dazu auf diese Quelle irgendwo hinter den Sternen zu suchen. Dort ist SIE natürlich auch, aber warum hinter den Sternen suchen, was du ganz einfach, wenn du innehältst und still wirst, in Dir Selbst finden kannst?*

Ines:
Ihr sagt, dass es ganz einfach sei, der Quelle im Inneren gewahr zu werden?

*Die Bäume:*
*Ja! Sobald ihr im Trubel eures Alltags innehaltet. Innehalten bedeutet noch nicht einmal unbedingt, dass ihr aufhört zu tun, was ihr gerade tut. Das kann unter Umständen hilfreich sein, aber notwendig ist es nicht. Es handelt sich vielmehr um ein inneres Innehalten, und das bedeutet, ein inneres Abstandnehmen von eurer aktuellen Tätigkeit, auch von euren aktuellen Gefühlsimpulsen. Sobald ihr die Haltung eines neutralen Beobachters einnehmt, nähert ihr euch der Stille an, die In Euch IST, und damit kommt ihr auch der QUELLE näher. Gerade mitten in der tiefsten Verstrickung in eine sehr herausfordernde Situation schlagen wir euch vor, einfach zu denken: „Moment mal!" Damit zentriert ihr euch auf das Jetzt, auf den gegenwärtigen Augenblick/Moment, und das Göttliche ist immer nur im JETZT zu finden! Ihr werdet dann feststellen, wie ein enormer Druck, den ihr euch selbst auferlegt habt, von euch abfällt und ihr in ein tiefes Gefühl des Gehaltenseins und Geborgenseins hineingleitet – ganz von selbst.*

126

Ines: Das ist ein interessanter und schöner Tipp, den ich bei der nächsten herausfordernden Gelegenheit ausprobieren werde. Solange wir uns noch im Erwachensprozess befinden, vergessen wir ja tatsächlich die QUELLE In Uns immer wieder, besonders in Situationen, die wir als schwierig empfinden und negativ bewerten. Dieses „Moment mal!" kann uns immer wieder zu Uns Selbst zurückrufen und wieder daran erinnern, dass wir in Wirklichkeit Kinder des Göttlichen sind. Vielen Dank! Damit möchte ich euren dreizehnten Satz zitieren:

## Alles, was du bist, ist schon im Samen

*Die Bäume:*
*Genau! Bei einem Baum, bei einer Pflanze, wisst ihr genau, dass dies wahr ist. Jeder Same enthält sämtliche Informationen, die eine Pflanze braucht, um als genau dieses Individuum ihrer Spezies heranzuwachsen. Für euren menschlichen Körper gilt, dass die entsprechende Information schon in der befruchteten Eizelle gespeichert ist. Wie sieht es aber mit der spirituellen Ebene aus? Hier ist der „Same"der Göttliche Funke, der in jedem Wesen IST, sonst könnte es überhaupt nicht existieren! Also: Dein gesamtes Wachstum, deine gesamte mögliche Entwicklung, alle deine Potenziale, sind von Beginn an in diesem Göttlichen Samen enthalten – wie könnte es anders sein? Alles, was du Bist, ist schon immer IN dir, so sagen auch eure menschlichen Lehrer und eure Engel und Aufgestiegenen Meister. Wir Bäume können das ja nur bestätigen und bekräftigen! Für uns und für euch kommt es nur darauf an, wie viel von unserem/euren ungeheuren Potenzial wir in*

*einem bestimmten Leben in die physische Realität hinein-*
*bringen, „auf die Erde bringen". In jeder Buchecker „steckt"*
*eine ausgewachsene, tausendjährige Buche, aber manche*
*Buchecker schlägt nicht aus, andere wachsen zwar zu kleinen*
*Bäumchen heran, haben aber nicht den Platz gefunden, an*
*dem sie zu einem großen Baum werden können, oder sie*
*entwickeln nicht die entsprechende Kraft und Entschlossen-*
*heit, um sich in dieser Richtung zu entwickeln. In jedem*
*Menschen „steckt" ein Erleuchteter, ein Erwachter, aber nicht*
*alle Menschen, die zurzeit auf der Erde inkarniert sind, sind*
*sich dieses ihres Potenzials bewusst, und diejenigen, die es*
*wissen, haben manchmal nicht den Mut, sich ausdauernd den*
*Herausforderungen zu stellen, die der Weg des Erwachens mit*
*sich bringt. Gerade in der heutigen Zeit, in diesen Monaten*
*des Sommers 2012, lassen manche sich durch den Gegenwind*
*der alten Energie entmutigen, aber WIR rufen euch zu: „Jetzt*
*erst recht!" Wenn euch der Wind ins Gesicht bläst, tanzt mit*
*ihm anstatt zu versuchen vor ihm davonzulaufen oder ihn zu*
*bekämpfen! Ihr werdet sehen, dann geht auf einmal alles ganz*
*einfach...*

Ines:
Danke für diese Ermutigung! Es ist also alles schon DA, was
wir werden können, weil wir es essenziell schon SIND. Wir
kommen ja aus der QUELLE... Ich glaube, ich muss uns
Menschen an dieser Stelle noch einmal ans Wurzeln schlagen
erinnern, denn ohne unsere Wurzeln in der Erde können wir
nichts von dem, was in unserem Göttlichen Samen enthalten
ist, auf die Erde bringen.

*Die Bäume:*

*Fein, du nimmst uns das Wort aus dem Mund! Genau dies wollten wir gerade anfügen. Wir freuen uns sehr, dass du es selbst formuliert hast. Noch eine letzte Anmerkung möchten wir zu diesem Thema machen: Alle Samen, alle befruchteten Eizellen einer Spezies sehen gleich aus, und sie alle haben Eines gemeinsam: Die eigentliche Information ist das NICHTS in der DNS – das NICHTS, das die DNS zusammenfügt, das NICHTS, das die spirituelle Bestimmung eines Wesens enthält. Das Entscheidende, das Göttliche, ist nicht physisch manifestiert, es ist ALLES, gerade dadurch, dass es NICHTS ist. Es kann ALLES SEIN, Alles kann sich durch ES manifestieren, und es kommt auf das einzelne Individuum jeglicher Spezies an, wie viel es manifestiert. Für euch Menschen kommt genau an dieser Stelle euer Freier Wille ins Spiel! Als Erwachte werdet ihr in voller Bewusstheit und Achtsamkeit darüber entscheiden, welche Erfahrungen ihr machen wollt und welche nicht, was ihr manifestieren wollt, und was nicht. Das macht die große Besonderheit eurer Spezies aus und wir beglückwünschen eure Spezies zu dieser Wahl, die sie einst traf, bevor sie sich aufmachte, die menschliche Erfahrung auf der Erde zu wagen.*

Ines:

Das sind große Worte, die mich sehr bewegen, danke euch! Würdet ihr nun bitte euren vierzehnten Satz kommentieren? Er lautet:

## Gib allem Leben Raum

*Die Bäume:*
*Nun, es ist das, was ihr Menschen in der gegenwärtigen zerstörerischen und selbstzerstörerischen Zivilisation der alten Energie überhaupt nicht tut... Anstatt dem Leben Raum zu geben, vernichtet ihr es in großem Umfang. Selbst eure Umweltschützer haben kein wirkliches Verständnis – kein intuitives Verständnis – für das Leben auf diesem Planeten. Sie sind einseitig auf die Erhaltung der „Artenvielfalt" fixiert und haben kein Gespür für altes Leben, das gehen will und neues Leben, das hereinkommen möchte. Manche Arten, die gerade im Verschwinden begriffen sind, wollen tatsächlich gehen, auch ohne euer Zutun. Andere Arten wollen – wieder – den Planeten bevölkern und friedlich und harmonisch mit euch und allen anderen Wesen zusammenleben. Ihr werdet euch wundern, was für Arten das sind! Es handelt sich vor allen Dingen um Tiere aus der Fünften Dimension, die die meisten von euch für irreale Fabelwesen halten. Sie sind alles andere als das! Wir meinen die Drachen, die Einhörner, die Phönixe, auch Mischwesen wie die Zentauren... Ihr könnt es euch jetzt wahrscheinlich noch nicht vorstellen, aber wir Bäume nehmen sie schon seit längeren Jahren sehr genau wahr, wie sie immer näher auch an euch herankommen. Sobald das Feld des Neuen Bewusstseins auf der Erde etabliert sein wird – und wir hoffen, dass dies nur noch wenige Monate von jetzt an (Mitte Juni 2012) dauern wird, werden die ersten erwachten Menschen diese Tiere sehen und mit ihnen kommunizieren können. Auch sehen wir auf den Ebenen der heute für euch erfahrbaren Tierwelt große Veränderungen kommen: Ein Teil der*

*fleischfressenden Raubtiere wird den Planeten über kurz oder lang verlassen, ein anderer Teil wird sich allmählich zu friedlichen Pflanzenfressern entwickeln. Die einzige Voraussetzung: Ihr Erwachenden müsst eine solche Entwicklung bewusst wählen! Ihr müsst auch das Neue Bewusstseinsfeld und seine endgültige Etablierung bewusst wählen, denn wenn ihr das nicht tut, gebt ihr dem neuen Leben eben keinen Raum, und das würde für das gesamte Leben auf diesem Planeten aus unserer Sicht sehr unerwünschte Folgen zeitigen.*

Ines:

Wow, das sind ja aufregende Neuigkeiten! Diese Antwort hatte ich überhaupt nicht erwartet. Ich hatte gedacht, ihr würdet über das sprechen, was wir Menschen das Ökosystem nennen und dabei noch einmal darauf verweisen, dass ihr Bäume schon immer allem Leben in euch und um euch herum Raum gebt.

*Die Bäume (lächelnd):*

*Ja, wir sprechen doch über das Ökosystem, nur sprechen wir über große anstehende Veränderungen darin, von dem Augenblick an, wo das Neue Bewusstsein der Menschheit die Bedingungen dafür zur Verfügung stellen wird. „Gib allem Leben Raum", bedeutet ja auch, dass ihr dem neuen Leben eurer eigenen Spezies Raum gebt. Eure Spezies hat in einer Weise auf das Ökosystem unseres geliebten Planeten eingewirkt wie keine andere. Wenn die Menschheit nicht kollektiv ins Neue Bewusstsein gehen würde, würde sie ihre eigenen Lebensgrundlagen über kurz oder lang nachhaltig zerstören. Das wäre nicht das Ende dieses Planeten, der unumkehrbar im Aufstieg begriffen ist, aber es wäre das Ende – das vorübergehende En-*

de – für viele Arten hier und das unumstößliche Ende für euch selbst. Der Planet würde weiterleben und sich immer weiter in immer höhere Dimensionen hinein entwickeln. Es würden neue Arten auf ihm entstehen – aber ohne euch… Wir verwenden aber hier bewusst den Konjunktiv, denn wir vertrauen euch und wir glauben nicht mehr, dass ihr diese großartige Chance, die euch gerade jetzt gegeben ist, noch verspielen werdet. Euch Erwachenden rufen wir nochmals zu: „Jetzt erst recht!", auch wenn manche „Dämonen" der alten Energie euch heftige Rückzugsgefechte liefern. Dass sie das tun, ist ein Kompliment an euch und kein Drama! Damit kommen wir zu unserem fünfzehnten Satz:

## Sei gastlich

Auch hier werden wir ein bisschen etwas anderes ausführen als du vielleicht erwartest. Diese Aufforderung ist nämlich an alle Spezies der Erde gerichtet und betrifft in der Neuen Zeit die Besucher aus dem Kosmos, die euch und uns und unsere gemeinsamen Schöpfungen kennen lernen möchten! Ja, es gibt sie sehr wohl, diese „Außerirdischen", und es gibt sie in mannigfachen äußeren Formen. Die meisten Erwachenden glauben, dass sie demnächst kommen werden um euch zu helfen, eine neue Zivilisation aufzubauen. Es gibt zahlreiche Channelings, die sich in eine solche Richtung äußern. Auch du, liebe Ines, hast lange daran geglaubt. Die Wahrheit ist aber, dass sie kommen möchten um von euch, den Neuen Erwachten der Menschheit, zu lernen! Sie sind einfach unglaublich neugierig auf euch und eure Schöpfungen! Das bedeutet, dass ihr diese Wesen, die auf feinstofflichen Ebenen manifestiert sind, erst *auf unserem Planeten werdet begrüßen können, wenn das Neue Bewusstseinsfeld etabliert ist und das wiederum bedeutet, dass eine ausreichende Anzahl von euch Erwachenden in den Status von endgültig Erwachten übergegangen sein muss. Diesen Erwachten werden die „Außerirdischen" ganz gewiss keine Vorträge darüber halten, auf welche Weisen sie das neue Leben auf der Erde zu erschaffen haben – wie könnten sie sich dazu erdreisten? Haben etwa sie die Voraussetzungen für den kollektiven Aufstieg der Erde und der Menschheit geschaffen? Haben sie euch die heißen Kartoffeln aus dem Feuer geholt, sind sie es, die durch all eure herausfordernden Prozesse und Erfahrungen gegangen sind? Doch ganz gewiss nicht! Es ist wahr, manche von ihnen, besonders Teile der Galaktischen Föderation des Lichts, haben unterstützend gewirkt und tun es noch. Ohne eure eigene großartige Arbeit aber, ihr hoch verehrten Erwachenden und Erwachten auf diesem Planeten, wären alle ihre Anstrengungen umsonst gewesen. Für die Katz, wie euer Sprichwort sagt!*

Ines:

Na, jetzt werden eure Mitteilungen ja immer spannender! Ihr sagt also anscheinend, dass unsere, der dann Erwachten, Schwingung so hoch sein wird, dass wir solche Wesen werden sehen können?

*Die Bäume:*
*So ist es. Wir Bäume sehen sie jetzt schon; sie sind ganz in eurer Nähe und freuen sich so sehr auf euch!*

Ines:

Hier habe ich mal eine konkrete Frage: Es gibt eine international agierende Organisation, die in den Vereinigten Staaten ihren Hauptsitz hat und „Abundant Hope" heißt. Diese Organisation will einer größeren Gruppe von Erwachenden seit Jahren weismachen, dass ein paar hoch entwickelte „Außerirdische" kommen werden, um eine neue Weltregierung zu etablieren, indem sie stellvertretend für die Menschheit entscheidende Veränderungen auf energetischen Ebenen vornehmen werden.

*Die Bäume:*
*Wir wissen von dieser Organisation. Gebt ihr einfach keine Energie, hört ihr nicht zu! Niemand von Außen kann und wird euch euren Freien Willen nehmen. Was brauchen die erwachten Menschen Leute von anderen Sternen, die ihnen sagen oder gar zeigen, wo es langgeht und die ihnen ihre Schöpfungen abnehmen? Es ist einfach Humbug und soll euch verwirren. Sagt: „Jetzt erst recht!" und geht euren Weg des Erwachens weiter!*

Ines:
Vielen Dank! Satz sechzehn lautet:

### Kommuniziere

Nun bin ich gespannt, was ihr hierzu mitteilen werdet!

*Die Bäume:*
*Hier kehren wir zu „normaleren" und allgemeineren Aussagen zurück. Kommunikation ist das A und O in der Einen Welt.*

*Ohne ständige Kommunikation würde das natürliche Öko-system niemals funktionieren. Wir Bäume kommunizieren stän-dig mit sämtlichen Pflanzen, Tieren, Mikroorganismen, Natur-geistern, Engeln, Sternen, die mit uns verbunden sind und mit denen wir in einer wechselseitigen Beziehung stehen. Ja, zu dem, was ihr so eingrenzend das Ökosystem nennt, gehören auch die Naturgeister, die Engel und die Sterne. Diese drei Gruppen wirken ganz entscheidend bei der Aufrechterhaltung bzw. Wiederherstellung seiner Balance mit. Ganz besonders dumm wären wir, wenn wir nicht mit unseren Naturgeistern, den Feen, Elfen, Zwergen, Trollen... kommunizieren würden. Sie sind es, die sich ganz entscheidend um das Wohl von uns Pflanzen kümmern sowie um das Wohl des Waldes oder auch eines jeden Gartens insgesamt. Euch Menschen empfehlen wir dringend, ebenfalls in die Kommunikation mit den Natur-geistern zu gehen. Nicht nur von uns Bäumen, auch von ihnen könnt ihr sehr, sehr vieles erfahren, das euch für euer Leben auf einer neuen Erde nützlich sein wird. In die Schule des Waldes zu gehen bedeutet unbedingt auch, bei den Natur-geistern zu lernen! Außerdem ist selbstverständlich für euch Menschen jegliche Kommunikation untereinander immens be-deutungsvoll. Dabei finden wir es ganz besonders wichtig, dass ihr Erwachenden den anderen nicht mehr länger eure Weltsicht und eure Erfahrungen vorenthaltet. Teilt sie mit, auch wenn momentan noch eine Mehrheit euch belächeln oder vielleicht sogar für verrückt erklären wird! Es drohen euch ja nicht mehr Folter und Tod, wenn ihr euren Seelenweg geht und über eure Bestimmung des Erwachens sprecht.*

Ines:

In der Tat nicht, aber viele oder sogar alle von uns hatten in der Vergangenheit Erfahrungen des An den Pranger gestellt Werdens, und das nicht im übertragenen Sinne, sondern sehr physisch real. Das steckt uns noch in den Knochen.

*Die Bäume:*
*Ja, aber ihr könnt mit diesen alten und längst vergangenen Erfahrungen atmen und die Seelenanteile, die daran beteiligt waren, heimholen und integrieren. Wir möchten euch ermutigen: Je selbstverständlicher ihr auftretet, je weniger ihr euch verschämt versteckt, desto mehr Akzeptanz werdet ihr finden, denn dann lasst ihr euer Licht leuchten und es wird die Menschen anziehen. Kommuniziert also über euren Erwachensprozess, das ist sehr, sehr wichtig! Wie sonst sollen andere davon erfahren und zur Nachahmung angeregt werden? Wie sonst wollt ihr erfahren, wer vielleicht schon selbst bereit ist, in den Erwachensprozess einzutreten und möglicherweise gerade auf dich gewartet hat, um dabei Unterstützung zu finden? Euer Erwachen ist nichts Anstößiges, nichts Obszönes, das man unter den Teppich kehren müsste. Es ist wahr, ihr seid noch eurer Zeit voraus, noch herrscht das alte Bewusstsein vor. Aber ihr könnt seinen Zusammenbruch beschleunigen, indem ihr offen und unverkrampft über eure Erfahrung des Erwachens kommuniziert!*

Ines:
Wir werden euren Rat befolgen. Der siebzehnte Satz scheint zunächst nur euch Bäume zu meinen:

## Verlierst du einen Ast, lasse einen neuen wachsen

Das tut ihr Bäume ja, solange ihr lebt, wenn euch der Sturm einen Ast abgerissen hat oder Menschen einen abgesägt haben: Ihr lasst an anderer Stelle einen neuen wachsen.

*Die Bäume:*
*So ist es. Aber wir möchten an dieser Stelle auf einen Punkt zurückkommen, den unsere Fichte schon im Ersten Teil erwähnte: Ihr Menschen könnt etwas Entsprechendes ebenfalls. Ihr könnt Gliedmaßen, Organe, ja, sogar Zähne nachwachsen lassen! Natürlich nicht an einer anderen Stelle, wie wir Bäume, sondern genau an der Stelle, wo sie verloren gingen.*

Ines:
Ich habe einmal, ich glaube, es war bei Drunvalo Melchizedek in der „Blume des Lebens", von einem Jungen gelesen, der genau das getan hat: Er ließ sich ein neues Bein samt Fuß und Zehen nachwachsen. Bei den Eidechsen hatte er gesehen, wie sie sich den abgefallenen Schwanz nachwachsen lassen und er war überzeugt davon, das Nämliche auch zu können. Er konnte es, weil er hundertprozentig darauf vertraute es zu können.

Die Bäume:
*Genau das ist der entscheidende Punkt – **hundertprozentiges Selbstvertrauen**. Damit gebt ihr eurem Körper hundertprozentig die Erlaubnis zu tun, was er wirklich am besten kann: sich selbst reparieren, wiederherstellen. Warum sollte die Wundheilung so perfekt funktionieren, aber das Nachwachsen nicht? Das ist gegen eure eigene Logik… Die Voraussetzung ist ein-*

*zig und allein das Selbstvertrauen und die Erlaubnis an euren Körper. Hier aber liegt natürlich bei der überwältigenden Mehrheit der Menschen der „Hund begraben" – dieses Vertrauen in euch selbst und in euren eigenen Körper habt ihr längst verloren. Das ist die schlechte Nachricht. Die gute lautet: Ihr könnt es jederzeit wiedererlangen! Zu eurer Information: Wegoperierte oder auf anderem Wege verloren gegangene Körperteile sind nur grob physisch „weg", auf allen anderen Ebenen sind sie immer noch vorhanden! Wie anders wollt ihr euch die wohlbekannten sogenannten Phantomschmerzen erklären? Jeder weiß, dass zum Beispiel Beinamputierte immer noch starke Schmerzen „im Bein" haben können, genau dort, wo vielleicht die schwere Wunde war, deretwegen das Bein amputiert wurde. Warum? Auf den feinstofflichen Ebenen ist das Bein immer noch da und die Wunde ebenfalls! Ein erwachter Beinamputierter würde nun zunächst diese feinstoffliche Wunde heilen lassen, bevor er die Erlaubnis erteilt, dass Bein und Fuß nachwachsen, denn sonst wäre mit dem neuen Bein auch die alte physische Wunde wieder da.*

Ines:
Die Voraussetzung für dieses neu Wachsen lassen von Körperteilen ist also letztlich das vollständige spirituelle Erwachen?

*Die Bäume:*
*Ja, denn nur ein vollständig erwachter Mensch – oder eben ein Kind, dem nichts Gegenteiliges erzählt worden ist – wird seinem Körper das notwendige Vertrauen entgegenbringen und ihn so sehr lieben, dass er ihm diesen Auftrag wirklich erteilen wird. Alle alten Blockaden, alle alten, behindernden*

*Glaubensmuster müssen zuvor aufgelöst sein. Lass uns nun miteinander das achtzehnte Gesetz betrachten:*

### Wenn du rechts keinen Platz findest, wachse nach links

*Neulich hast du zwei Bäume gesehen, die so dicht beieinander standen, dass der eine seine Äste und Zweige nur nach links wachsen lassen konnte, der andere nur nach rechts. In einem Wald kann es vorkommen, dass einem Baum der Platz zur vollen Entfaltung fehlt, weil da schon so viele andere sind. Dann bekämpfen wir uns aber nicht gegenseitig, wie ihr vielleicht denkt. Wir kommunizieren und finden gemeinsam Lösungen, mit denen alle leben können. Euch Menschen möchten wir raten, dass ihr euch in eurem Leben genau den Platz sucht, an dem ihr euch am besten entfalten könnt. Vielleicht kommt es dann auch einmal vor, dass ihr nur eine Seite eures gesamten Potenzials zur Geltung bringen könnt, so wie die beiden Bäume in unserem Beispiel. Jeder von ihnen ist dennoch vollkommen, so wie du auch!*

Ines:

Diese beiden Bäume, eine Fichte und eine Kiefer, erinnern mich an eine menschliche Ehe nach dem traditionellen Muster: Der Mann arbeitet „draußen", die Frau im Haus bei den Kindern. *Er* entfaltet die „männlichen" Fähigkeiten, *sie* die „weiblichen", und zusammen bilden sie ein Ganzes. Ich glaube aber nicht, dass ihr uns dieses Lebensmodell vorschlagen wollt…

*Die Bäume (lachen):*

*Nein, nicht unbedingt... Obwohl wir uns über dieses alte Muster lange unterhalten könnten. Vielleicht finden wir einmal außerhalb dieses Buches die Gelegenheit dazu. Du kannst das Bild dieser Bäume auch anders verstehen: Zwei Wesen hatten sich denselben Platz ausgesucht um dort zu leben und zu wachsen. Anstatt dass nun der eine Baum den anderen unterdrückte und um sein Leben brachte, umarmte er ihn und ging mit ihm eine Partnerschaft ein. Sie sprachen sich ab, dass sie sich mit ihren beiden Stämmen sehr nahe sein würden und dass ihre Kronen eine Einheit bilden sollten. Ja, dies ist ein Bild der LIEBE, nicht mehr, und nicht weniger. Spürt doch einmal dort hinein! Auch im Menschenleben kann es Situationen geben, in denen anstelle von einseitiger, egoistischer Vorteilnahme Kommunikation und ein Finden von kreativen Lösungen notwendig sind.*

Ines:

Das kommt in der Tat sogar sehr häufig vor, sowohl im Zusammenleben von Einzelpersonen wie im Zusammenleben der Völker. Die Menschheit als Ganzes hat hier mit Sicherheit noch sehr viel zu lernen. Aber was mir Mut macht, ist die Tatsache, dass schon eine ganze Reihe von Erwachenden unterwegs sind, die auf den unterschiedlichsten Gebieten mit kreativen Lösungen zu experimentieren begonnen haben. Damit möchte ich jetzt zum neunzehnten Gesetz übergehen:

### Alter bringt Würde

In der Tat! Wenn ich mir einen sehr alten Baum vorstelle, dann strahlt dieser eine große Würde und sogar Heiligkeit aus. Bei uns Menschen ist das nicht immer so. Manche von uns werden im Alter starrsinnig, kindisch oder auch dement. Sie werden pflegebedürftig und in solchen Situationen werden sie auch nicht immer würdig behandelt.

*Die Bäume:*
*Die Ursache für diese Phänomene ist euer altes Bewusstsein, das wisst ihr Erwachenden mit Sicherheit auch selbst. „Alters-starrsinn" entwickelt nur ein Mensch, der auch schon in der Jugend und im Erwachsenenalter unflexibel war. Ein Mensch, der in verfestigten Glaubens- und Verhaltensmustern gefangen war. Ein Mensch, der nach dem Muster von Reiz und Reaktion funktionierte – ein vollkommen unbewusst lebender Mensch. Kindisch oder gar dement werden meist Menschen, die zu ein-seitig den Verstand in ihrem Leben haben regieren lassen – die Seele schafft dann im Alter eine Art Ausgleich. Körperliche Pflegebedürftigkeit tritt bei Menschen ein, die nicht loslassen können, nicht zur rechten Zeit den körperlichen Tod geschehen lassen können. Ihr aber, die Erwachenden und bald schon Er-wachten, werdet mit zunehmendem Alter auch zunehmend Weisheit und Würde entwickeln! Ihr werdet keinen körper-lichen Verfall mehr erleben, sondern zunehmende Heilung, zu-nehmende Gesundheit, und ihr werdet, wenn ihr das möchtet, noch sehr lange auf der sich erneuernden Erde bleiben und ihre Prozesse und die der übrigen Menschheit begleiten.*

Ines:
Ein alter Baum im Kellerwald flüsterte mir zu, ich würde – so wie er – tausend Jahre alt werden. Wird es so etwas wirklich geben?

*Die Bäume (lächelnd):*

*Ihr könnt es euch jetzt noch nicht vorstellen, aber so wahr ihr in der Lage sein werdet, Körperteile nachwachsen zu lassen, so wahr werdet ihr in der Lage sein, sehr lange Leben zu leben. So lange Leben wie wir Bäume, unter Umständen sogar längere. Eure Körper sind von ihrem Ursprung und ihrer Konzeption her sogar auf Unsterblichkeit ausgelegt und was die herauf dämmernde Neue Zeit betrifft, so ist dies eine Zeit, wie es sie noch nie irgendwo im Universum gegeben hat. Da sind Dinge möglich, die selbst wir Bäume uns in unseren kühnsten Träumen nicht mehr vorstellen können!*

Ines:

Hier schreit unser Verstand wütend auf und will euch zurufen, ihr solltet uns nicht solchen Unsinn erzählen, das alles sei unmöglich, und der menschliche Körper sei für den Verfall geboren.

*Die Bäume:*

*Wir wissen, dass dem nicht so ist. Lasst euch überraschen! Ihr Erwachenden und bald nun Erwachten werdet auf jeden Fall in der Lage sein zu kommen und zu gehen wie und wann es euch beliebt. Es kann natürlich sein, dass ihr irgendwann doch die Erde verlassen möchtet, um in anderen Bereichen andere Erfahrungen zu machen, oder um eure irdischen Erfahrungen den Wesen in anderen Bereichen mitzubringen. Ihr werdet überall hoch willkommen sein!*

Ines:

Da kommt Freude bei mir auf, auch wenn der zweiflerische Verstand immer noch „Gewehr bei Fuß" steht. Und nun zum zwanzigsten Gesetz:

## All-Ein bist du stark

Ihr habt eine besondere Schreibweise für das Wort „allein" gewählt, sodass seine beiden Komponenten – ALLES und EINS – hervorgehoben werden. Bitte erläutert das etwas näher.

*Die Bäume:*
*Ja, euer Wort „allein" wird oft in einem Atemzug mit „einsam" verwendet und hat dann leicht einen negativen Zungenschlag. Das wollten wir von vornherein ausschließen. Wir verwenden „allein" zunächst einmal im Sinne von „eigenständig", „in der eigenen Kraft befindlich". Jeder Baum steht für sich allein, auch wenn er sich in einem Garten, Park oder Wald zusammen mit anderen befindet. Jeder wächst für sich allein, auch wenn er eingebunden ist in ein komplexes Miteinander von vielen Organismen. Dasselbe gilt für euch Menschen, die ihr in eurem alten Bewusstsein das Alleinsein scheut „wie der Teufel das Weihwasser". Ihr sagt, der Mensch sei ein soziales Wesen, was natürlich auch stimmt. Auch der Baum ist ein soziales Wesen in einem sehr umfassenden Sinne. Aber es ist eure und unsere Bestimmung, auf der Erde auch jeweils eine individuelle Erfahrung zu durchlaufen, ein individuelles Wachstum, eine individuelle Entwicklung. Jede Seele ist Eins mit Allem, aber sie ist auch wie ein einzelnes Kronjuwel, wie ein Diamant in der Krone des Göttlichen. So ist es notwendig für euch, im Zweifelsfalle ganz allein für und zu*

*euch selbst zu stehen. Das fällt euch oft noch schwer, weil ihr euch abhängig vom Urteil der anderen fühlt. Ihr seid es nicht! Ihr seid geborgen und gehalten in eurer eigenen Seele. Lernt diese immense Kraft kennen, die in euch wohnt, wagt es, sie zu leben. Dann erst erschließt sich euch die tiefere Bedeutung von All-Ein-Sein. Erst wenn ihr zu der euch innewohnenden Stärke findet, könnt ihr diese Bedeutung wirklich erspüren. Du bist Alles, und du bist Eins. In dir ist das gesamte Universum enthalten, so bist du Eins mit Allem und mit allen Wesen. Zugleich bist du Eins – ein einmaliges Individuum. Erkenne deine Größe auch in deiner Individualität, in deiner Einzigartigkeit!*

Ines:
Wie können wir uns zu der Erfahrung der eigenen Größe und Einzigartigkeit hin bewegen?

*Die Bäume:*
*Wie immer, ist dies nicht eine Sache des „Machens", sondern eine Angelegenheit des Geschehenlassens. Es hat also mit Wachstum zu tun, das ihr erlaubt. Hilfreich ist in diesem Zusammenhang die Übung, die wir euch gegeben haben: Indem ihr euch einerseits in euren Körper hinein sinken lasst und andererseits eure Wurzeln wachsen und eure Aura sich ausdehnen lasst, kommt ihr mit der Zeit ganz von selbst in die Erfahrung der eigenen Größe hinein. Zugleich verlasst ihr dabei auf ganz natürliche Weise das alte Bewusstsein des Getrenntseins von allem, denn eure sich ausdehnende Aura kommt dann in tiefe Berührung mit allem, das sie während der Expansion in sich einschließt. Es kommt zu einer Verschmelzung*

*eurer Aura mit anderen Auren und dadurch gelangt ihr nach längerer, wiederholter Übung in ein immer höheres Bewusstsein.*

Ines:

Vielen Dank! Das motiviert mich sehr, diese Übung regelmäßig durchzuführen. Damit möchte ich zum Gesetz 21 kommen, das lautet:

### Nimm dich an, wie du bist

*Die Bäume:*

*Wir hätten auch formulieren können: „Sag Ja zu dir selbst!" Für uns Bäume ist das kein Problem, für euch Menschen im alten Bewusstsein aber ein immenses, das wissen wir. Immer wollt ihr euch anders haben als ihr seid. Auf dem spirituellen Weg vergleicht ihr euch ständig mit anderen, die eurer Ansicht nach „weiter" sind als ihr. Ihr wollt perfekt sein – darüber wurde schon gesprochen – und ihr lehnt eure Schwächen auf körperlicher, emotionaler und auch auf geistiger Ebene ab. Wachstum ist aber nur dann möglich, wenn ihr euch in jedem Augenblick eures Lebens als die annehmt, die ihr gerade Jetzt seid. Wenn ihr euch selbst ablehnt, bleibt ihr fixiert auf die angeblichen Mängel, die euch auszumachen scheinen. Das blockiert euer Wachstum, denn dann erlaubt ihr keine Veränderung – stattdessen wollt ihr sie erzwingen, was niemals funktionieren kann. Die andere Seite ist: Ihr wagt es auch nicht, eure eigene Größe anzunehmen, weil ihr Angst vor der Ablehnung durch andere habt und wohl auch, weil ihr sie selbst nicht so recht ertragen könnt. Nimm dich an, wie du bist, sag Ja zu dir selbst, dieses Gesetz fordert euch dazu auf, die alten Vorurteile und Ängste hinter euch zu lassen und auf euer Einssein und eure wahre Stärke zu schauen. Auch hier wird unsere Übung hilfreich sein!*

Ines:
Ich glaube, jede und jeder von uns kennt die fatalen Folgen des Sich-nicht-Annehmens, aber etwas in uns hindert uns immer noch daran, hier den entscheidenden Schritt zu tun.

*Die Bäume:*
*Das spüren wir auch bei euch. Bedenkt aber, dass es euch in Wirklichkeit eine beträchtliche Anstrengung kostet, euch selbst so künstlich klein zu halten. Ja, künstlich, denn euer natürlicher Zustand ist die unermessliche Größe! Wenn ihr nun diese Anstrengung einfach loslasst, kann sich eine riesige Energieblockade lösen und ihr werdet mit einem Mal die Kraft und die Freude der Kinder Gottes erfahren können. Probiert es doch einfach einmal aus, das Ja sagen zu euch selbst, zu eurem Erbe, zu eurer Bestimmung, zu eurer wahren Größe! Ihr werdet staunen, wie einfach das ist. Viel einfacher als das Sich klein Halten...*

Ines:
Über Jahrtausende ist uns eingehämmert worden, dass wir klein und „sündig" seien – in unserem Kulturkreis zum Beispiel von der Kirche.

*Die Bäume:*

*Umso wichtiger ist es für euch, euch von solcher Hypnose frei zu machen! Denke an den Satz, den dir neulich eine starke Linde gegeben hat, als du sie umarmtest: „Deine Kraft ist meine Kraft, und meine Kraft ist deine Kraft." Dies war in dem Bewusstsein von euer beider ursprünglicher Göttlichkeit gesprochen. Schaut immer wieder uns Bäume an, die wir unsere Kraft einfach leben und lasst unsere Ausstrahlung auf euch wirken. Denkt dabei daran, dass unsere Kraft die eure ist und eure Kraft die unsere – wir sind Eins! Und wir möchten euch so gerne helfen!*

Ines:
Ihr tut es schon. Immer mehr Menschen fühlen sich in der heutigen Zeit zu euch hingezogen und spüren eure Heiligkeit.

*Die Bäume:*
*So spürt auch ihr die eure! Sagt Ja zu euch selbst! Und damit wird auch die Bedeutung des Gesetzes 22 klar:*

## Zufriedenheit begünstigt Wachstum

*Zufriedenheit heißt im Frieden mit Sich Selbst Sein. Wir hören euch manchmal sagen: „Ach, ich bin zufrieden", wenn ihr gefragt werdet, wie es euch denn gehe. Die Zwischentöne, die man da heraushört, lauten aber: „Eigentlich fühle ich mich nicht besonders wohl in meiner Haut; es könnte besser sein." Zufriedenheit scheint in eurem alten Bewusstsein nicht besonders hoch im Kurs zu stehen – Zufriedenheit ist nicht Glück, Zufriedenheit ist Mittelmaß, so-la-la eben, nichts Aufregendes, nichts ausgesprochen Erstrebenswertes. Wir Bäume sehen aber Zufriedenheit als die notwendige Grundlage für Freude und Glück an! Zufriedenheit im wahren und tieferen Sinne bedeutet ein ausgesöhnt sein mit dem Leben, vor allen Dingen aber mit sich selbst. Zufriedenheit hat das Ja zu sich selbst zur Voraussetzung, von dem wir vorhin sprachen. Wenn du Ja zu dir selbst sagen kannst, und zwar sowohl Ja zu deinen momentanen Schwächen wie auch Ja zu deiner grundlegenden Größe und Stärke, dann kannst du zu-frieden sein. Friede kann in dir einkehren, und wo der Friede ist, da ist die Freude nicht weit, da ist das Glücklichsein nicht weit! Zufriedenheit in unserem Sinne, im Sinne des Neuen Bewusstseins, in das ihr Erwachenden eintreten möchtet, ist eine hohe Tugend. Ja, das möchten wir jetzt gerne so ausdrücken, wenn es euch auch etwas altmodisch und vielleicht „moralisch" vorkommt. Moralisch meinen wir es nicht. Wir verstehen unter Tugend eine lichtvolle Eigenschaft.*

Ines:

In dieser Weise verstanden, ist Zufriedenheit mit Sicherheit auch eine gute Ausgangsbedingung für jegliches spirituelle Wachstum. Ihr Bäume seid ja ohnehin zufrieden mit euch selbst und mit dem Platz, wo ihr steht, das habt ihr schon mehrfach ausgedrückt.

*Die Bäume:*
*Ja, in der Tat. Und je zufriedener ein junger Baum ist, desto besser wächst er – lasst euch das einfach einmal gesagt sein. Für euch Menschen aber ist in dieser Wendezeit die Herstellung einer grundlegenden Zufriedenheit, eines realen inneren Friedens mit euch selbst, so wichtig wie noch nie! Wir*

*möchten sogar behaupten, dass euer spirituelles Wachstum, mathematisch ausgedrückt, direkt proportional zum Grad eurer Zufriedenheit ist. Umgekehrt: Ihr könnt nicht, oder nur minimal, wachsen, wenn ihr unzufrieden seid. Unzufriedenheit mit eurer Situation und mit euch selbst blockiert extrem! Natürlich könnt ihr euch zur Zufriedenheit nicht zwingen, könnt sie nicht herstellen im Sinne von „machen". Was ihr aber könnt, ist unsere Übung regelmäßig durchführen. Durch die Verbindung von Weichem Atem, Wachsen lassen eurer Wurzeln und Ausdehnung eurer Aura kommt ihr so tief in Verbindung mit eurer Seele, der Erde und mit Allem Was Ist, dass ihr ganz von selbst zum Frieden und damit zur wahren Zufriedenheit finden werdet.*

Ines:
Allmählich wird mir immer klarer, wie universal – oder universell? – diese eure Übung ist. Vielen Dank dafür!

*Die Bäume:*
*Sie ist sowohl universal als auch universell (Lachen). Und hiermit kommen wir zu den beiden letzten Gesetzen, 23 und 24, die zusammengehören und die wir daher gemeinsam behandeln möchten:*

### Kein Wachstum ohne Tod
### Leben und Sterben sind Eins

*Schaut zunächst einmal in die physische Natur, schaut euch uns Pflanzen an, schaut euch euren menschlichen Körper an: Wir alle erneuern uns ständig, während wir wachsen. Laub-*

bäume werfen im Herbst ihre Blätter ab, um sie im Frühjahr neu austreiben lassen zu können. Staudengewächse sterben im Herbst ab und werden von den Gärtnern abgeschnitten, um im Frühjahr neu zu kommen. Andere Pflanzen nennt ihr die Einjährigen – sie leben über ihre Samen fort. Eure Körper aber, eure Körperzellen, sterben in bestimmten Zyklen ab und werden durch neue ersetzt, sodass ihr alle paar Jahre physisch ein völlig neuer Mensch seid. Dies illustriert unsere beiden Sätze auf der materiellen Ebene. Und nun die Ebene der Gefühle: Die emotionale Reifung eines Menschen ist immer mit Erlebnissen von Sterben und Tod verbunden. Jeder Abschied zum Beispiel, sei es die Trennung von einem geliebten Menschen, sei es die Trennung von einem geliebten Ort oder auch von einer liebgewordenen Gewohnheit, von was auch immer, ist für eure Psyche wie ein Tod. Etwas in euch stirbt, aber etwas anderes steht wieder auf und erneuert sich. So ist der Tod auch auf dieser Ebene ein Teil eures Lebens. Und dann auf einer weiteren, der spirituellen Ebene: Hier möchten wir zwei Aspekte herausgreifen. Zum einen was ihr den „Tod des Egos" nennt. Wir Bäume verstehen hierunter den Abschied von der Illusion des Getrenntseins. Das menschliche Ego, das „kleine Ich" nämlich, erlebt seine Individualität als Trennung von allem und allen, auch und vor allen Dingen vom Göttlichen. Im Verbund mit dem Verstand sieht es sich selbst wechselweise als klein und unbedeutend oder als aufgebläht wie einen Luftballon. Ein menschliches Ich, das sich abgetrennt fühlt von seiner Seele, seinem höheren Göttlichen Sein, ist auch wirklich wie ein Luftballon, in den man nur mit einer Nadel hinein zu pieksen braucht, damit er in sich zusammenfällt. Der Egotod aber, wie wir ihn sehen, bedeutet die Heimkehr des *kleinen Ichs in die Große Seele, weiter nichts. Es ist nicht das Ende eines Lebens, es ist nur das Ende einer Illusion. Zum Zweiten möchten wir feststellen, dass der Tod nichts weiter als eine Form des Lebens ist. Auf der spirituellen Ebene gibt es ihn, als „endgültige Vernichtung des Lebens" verstanden, nämlich überhaupt nicht. Wenn unsere Körper aufhören physisch zu funktionieren, dann kehren unsere Seelen in höher schwingende Seinsbereiche zurück. Unsere Körper aber kehren zurück zur Erde, aus deren Elementen sie geformt sind. Wenn wir reinkarnieren – und das gilt nicht nur für euch Menschen – dann stehen auch unsere Körper wieder auf. Aus der Sicht der feinstofflichen Ebenen „sterben" wir dann, aus der Sicht der physischen Ebene werden wir neu geboren. Was aus der Sicht der einen Ebene Geburt bedeutet, bedeutet aus der Sicht der anderen Ebene Tod, und umgekehrt. Immer aber, wenn wir einen Schritt weiter gehen, erklimmen wir eine weitere Stufe in unserer Entwicklung! Etwas Altes lassen wir gehen, etwas Neuem erlauben wir hereinzukommen. Nichts anderes als das sind Leben und Sterben. Den Tod als endgültige Vernichtung allen Lebens aber, wir betonen es noch einmal, gibt es nicht. **Das Leben ist das Leben ist das Leben...**

*Damit sind wir am Ende unserer Kommentare zu den Wachstums-Gesetzen angelangt. Mit dem Dritten Teil geht es nach einer mehrtägigen Pause weiter.*

Ines:
Liebe Bäume, herzlichen Dank für all eure liebevollen und erhellenden Worte, und noch tieferen Dank für die herzerwei-

ternden Energien, die in ihnen mitschwingen! Ich freue mich auf die Fortsetzung!

# Teil 3

## Entwicklungs- und Expansionsgesetze

Im Fichtelgebirge

Aus den ins Auge gefassten wenigen Tagen ist wieder ein ganzer Monat geworden. Ich brauchte eine weitere schöpferische Pause, um nun die Fortsetzung aufschreiben zu können. In der Zwischenzeit war ich bei einem spirituellen Wochenend-Seminar im Fichtelgebirge, und einen Nachmittag verbrachte unsere Gruppe im Wald. Es war wieder eine Fichte, die mir die letzten 24 Kommentare der Bäume übermittelte – zunächst auf einer höheren, nicht-sprachlichen Ebene. Diese Kommentare werde ich in den nächsten Tagen abrufen, denn jetzt bin ich soweit, dass mir dies möglich ist. Hier zunächst die 24 Entwicklungs- und Expansionsgesetze, die mir schon vor der Reise ins Fichtelgebirge vorlagen:

1. *Sieg und Niederlage sind Eins.*
2. *Stärke und Schwäche sind Eins.*
3. *Deine Größe liegt in der Präsenz.*
4. *Deine Größe liegt jenseits allen Kampfes.*
5. *Deine Teile ordne dem Ganzen ein.*
6. *In deiner Präsenz ist Fülle.*
7. *Die Liebe der QUELLE ist überall.*
8. *Erde, Wasser, Wind und Sonne nähren dich – gib dich ihnen hin.*
9. *Sei was du BIST.*
10. *JETZT ist die Zeit.*
11. *HIER ist der Ort.*
12. *Alles fließt – fließe mit.*
13. *Sei was IST.*
14. *Größe ist Schwäche, Schwäche ist Größe.*

15. *Ist der Geist klein, bleibt der Baum klein.*

16. *Alle Farben sind Weiß.*

17. *Wissen ist Nichts.*

18. *Folge dem Atem.*

19. *Der Zufall ist Synchronizität.*

20. *Du erbst das Reich.*

21. *Jeder ist Mitschöpfer.*

22. *Du bist geboren um zu leben.*

23. *Du bist zur Freude geboren.*

24. *Alle sind EINS.*

Es spricht in diesem dritten Teil eine Gruppe von besonders weisen Bäumen aus dem Fichtelgebirge. Sie übermitteln mir ihre Botschaften im Namen aller Bäume auf dieser Erde. Wieder gehe ich chronologisch vor, beginne also gleich mit dem ersten Gesetz:

## Sieg und Niederlage sind Eins

*Die Fichten:*
*Guten Tag, liebe Ines, liebe LeserIn. Wir möchten uns zunächst einmal vorstellen: Wir sind eine Gruppe von Fichten aus dem Fichtelgebirge und repräsentieren eine Weisheit, die ihr als „dunkle" bezeichnen könntet. „Dunkel" bedeutet hier aber keineswegs so etwas wie „böse". Nadelwälder, Nadelbäume stehen für eine dunkle Qualität, eine dunkle Energie, einfach als Gegenpol oder Gegenbild zur hellen, lichten Qualität und Energie von Laubwäldern. Die Weisheit der dunklen Energie ist dabei eine etwas andere als die Weisheit der lichten Energie. Ihr Menschen assoziiert sehr zutreffend die Dunkelheit mit der Nacht; ihr könnt sie auch mit dem Inneren der Erde assoziieren, und die Helligkeit mit dem Tag und dem Licht der Sonne. Ihr wisst, dass in Nadelwäldern eine eher dämmerige Atmosphäre herrscht, in Laubwäldern hingegen eher Licht flutet. Nun, nicht umsonst möchte die Gemeinschaft der Bäume auf diesem Planeten, dass WIR, die Fichten aus dem Fichtelgebirge, aus unserer Dunklen Weisheit heraus die letzten 24 Sätze kommentieren. Dunkelheit kann von euch Menschen als Bedrohung verstanden werden; wir möchten euch aber hier ihre schützende Seite zeigen. Die Dunkelheit*

*der Nacht kann ja auch wie ein schützender Mantel sein, der sich liebevoll um euch legt, nicht wahr?*

*Nun, unsere Dunkle Weisheit schöpft aus der femininen Seite des Göttlichen – Erschaffen beginnt immer im Dunkel. An anderer Stelle wurde hier schon gesagt, dass die Laubbäume im Frühjahr und Sommer keine Blätter, Blüten und Früchte hervorbringen könnten, wenn da nicht die Nacht des winterlichen Todes wäre, in der sie alle ihre Kraft nach Innen einziehen. Wenn ein Mensch etwas Neues erschaffen möchte, ist er gut beraten, es diesen Bäumen gleichzutun und sich zunächst auf sein eigenes Innere zu beziehen. Im Dunkel deines Inneren, unbeleuchtet von dem funzeligen Birnchen deines menschlichen Verstandes, liegen die Samen aller deiner neuen Schöpfungen, so wie die Samen der Pflanzen im Dunkel der Erde liegen müssen, bevor sie zu keimen beginnen können. Liebe Ines, du hast sehr zutreffend formuliert, dass du eine „schöpferische Pause" brauchtest – es war eine!*

Ines:
Danke für diese wunderbare Einleitung, auf die ich überhaupt nicht gefasst war. Ja, erst heute kann ich eure Botschaften in Worte fassen, liebe Fichten. Wie lautet nun euer Kommentar zu diesem Gesetz, dass Sieg und Niederlage Eins sind?

*Die Fichten:*
*Zunächst einmal: Es gibt keinen Sieger ohne einen Besiegten. Was der Sieg des einen, ist die Niederlage des anderen. Ihr kennt das ja... Neulich hattet ihr diese Fußball-Europameisterschaft. Am Ende jubelte die spanische Mannschaft und die italienische fühlte sich mit ihrer 0:4-Niederlage zutiefst gede-*

mütigt. Also: Wo niemand verliert, da hat auch niemand gewonnen, und umgekehrt. Der eine Pol kann nicht ohne den anderen existieren, das ist ein Grundgesetz der dualen Welt. Aber es gibt noch eine tiefere Ebene: Wir behaupten, dass der Besiegte in jedem Falle der wahre Sieger ist und umgekehrt. Warum? Es ist eine Frage der Würde. Euer Meister Jesus/ Yeshua sagte einmal: „Wer sich selbst erhöht, der wird erniedrigt werden, und wer sich selbst erniedrigt, der wird erhöht werden." Nun sieht es in eurer menschlichen Welt so aus, dass die Sieger triumphieren und sich großartig fühlen. Was tun sie? Sie blasen ihre Egos auf. Sie erhöhen sich selbst und lassen sich feiern. Nicht nur im Sport, auch in euren Kriegen. Nach einem Sieg gibt es Triumphparaden. Früher wurden dabei die gedemütigten Gefangenen der Öffentlichkeit vorgeführt. Wir machen euch nun darauf aufmerksam, dass den Besiegten eine tiefe Würde innewohnt, den jubilierenden Siegern jedoch in den seltensten Fällen.

Ines:
Mir fällt auf, dass ihr jetzt nur von unserer Menschenwelt gesprochen habt.

Die Fichten:
Ja, und das werden wir auch weiter so halten, denn die Entwicklungs- und Expansionsgesetze richten sich vorrangig an euch Menschen.

Ines:
Ich nehme an, ihr wollt zu diesem ersten Gesetz noch mehr sagen.

*Die Fichten:*

*Genau. Wir möchten euch erwachende Menschen dazu auffordern, euch jenseits von Sieg und Niederlage zu begeben. Hört damit auf, in jeglichem Lebensbereich, das Sieger sein anzustreben, wenn ihr nicht in Wirklichkeit eure Würde verlieren wollt. Wir möchten euch des Weiteren dazu auffordern, euch jenseits der Dualität zu begeben. Lasst das „Entweder – Oder" des alten Bewusstseins hinter euch und wählt stattdessen das „Sowohl – Als Auch" des Neuen Bewusstseins. Ein Beispiel: Wenn ihr etwas von Euch Selbst in die Welt bringt, seid ihr in jedem Falle Gewinner, auch wenn ihr in den Augen mancher Menschen „verloren" habt, weil ihr vielleicht keinen großen Erfolg damit hattet. Ein Sportler vielleicht, der im Wettkampf „nur" den letzten Platz erreicht. Oder eine Autorin, die „nur" wenige Bücher verkauft. Letztendlich geht es überhaupt nicht um die Größe des erzielten äußeren Erfolges, sondern um die Größe des real geleisteten Beitrags, und der hängt nicht von der Anerkennung anderer Menschen ab, sondern davon, wie viel von Dir Selbst du auf die Erde gebracht hast. Wertschätze dich selbst nach diesem Beitrag und nicht nach dem Beifall klatschen von Außen!*

Ines:

Das erfordert ein konsequentes Ausscheren aus dem alten Massenbewusstsein.

Die Fichten:

*So ist es. Damit kommen wir zum zweiten Gesetz, das ebenfalls euer duales Denken ad absurdum führen möchte:*

160

## Stärke und Schwäche sind Eins

*Ihr Menschen im alten Bewusstsein wollt am liebsten immer nur stark sein. Eure Vorstellung von Vollkommenheit, beziehungsweise Perfektion, beinhaltet, dass ihr keine Schwächen haben dürft. Daher lehnt ihr eure Schwächen ab, wollt sie bekämpfen oder überwinden. Schauen wir uns jetzt dennoch einmal uns Bäume an. Für uns kann Stärke zugleich Schwäche bedeuten, das zeigen wir euch an folgendem Beispiel: Am letzten Juni-Wochenende 2012 gab es im Süden Deutschlands weiträumig starke Unwetter mit Orkanböen. Zahlreiche Bäume wurden entwurzelt, brachen ab oder verloren große Äste. Ihr habt sie gesehen: Was für Bäume waren es? Waren es die kleinen, jungen mit den dünnen Stämmchen? Oh nein! Es waren ältere und alte Bäume, die kraftvoll, aber nicht mehr so biegsam waren wie die jungen. Ihre Stärke war zugleich ihre Schwäche.*

*Wie sieht es bei euch Menschen aus? Wir behaupten: Auch bei euch ist es so, dass gerade eure Stärken euch verletzlich machen. Wenn ihr nämlich „gut" in etwas seid, könnt ihr es oft überhaupt nicht ertragen, dass andere „besser" sind und euch übertreffen. Für ein Kind, das in der Schule im Fach Deutsch immer nur Einser schreibt, bedeutet es eine schwere Niederlage und Kränkung, wenn mal ein Dreier oder gar Vierer herauskommt. Für einen Sportler, der Goldmedaillen in Serie errungen hat, ist schon ein zweiter Platz eine Demütigung. Hinzu kommt bei euch, dass ihr im alten Bewusstsein immer auch auf die anderen schielt: „Was erwarten sie von mir? Was denken sie über mich?" Bei Menschen, die im Rampenlicht der Öffentlichkeit stehen, spielt auch noch die reißerische Berichterstattung der Massenmedien eine wichtige Rolle, die dann schon mal jemanden zum „Verlierer des Tages" oder des Monats deklarieren. Andersherum: Enthalten nicht alle eure Schwächen ein großes Potenzial von Stärke? Eine Schwäche bedeutet ja, dass ihr auf einem bestimmten Gebiet noch nicht sehr weit entwickelt seid. Hier habt ihr also noch große Möglichkeiten zu expandieren!*

Ines:

Ja, wenn man es von dieser Seite betrachtet... Würdet ihr sagen, dass „Vollkommenheit" bedeutet, sich selbst mit seinen Stärken *und* Schwächen einfach vollständig anzunehmen?

*Die Fichten:*

*Ja, ganz genau! Auch hier geht es wieder um das neue „Sowohl – Als Auch". Ein Wesen, das eine physische Erfahrung macht, kann niemals nur stark sein. Schon allein die Tatsache, dass es einen materiellen Körper besitzt, macht es verletzlich. Wahre Kraft und Größe entspringen also hier auf der Erde aus dem Bewusstsein, Eins zu sein in Stärke und in Schwäche.*

Ines:

Vielen Dank! Damit können wir zum dritten Gesetz übergehen. Es lautet:

## Deine Größe liegt in der Präsenz

Ihr habt vorhin das Thema „Größe" schon angesprochen. Könnt ihr hier einen Bogen schlagen?

*Die Fichten:*
*Gern. Jedes Wesen im Universum besitzt eine innewohnende Größe, einfach darum, weil es – auf welcher Ebene auch immer – eine Manifestation des Göttlichen ist. Ihr Menschen habt diese Wahrheit über Jahrtausende jedes Mal vergessen, wenn ihr euch ein neues Körperkleid angezogen habt. Ihr habt gelernt, euch mit eurem physischen Körper und dessen Schwächen zu identifizieren, und ihr habt gelernt, euch mit eurem Verstand und eurem kleinen Geist, dem Ego, zu identifizieren. Unter „Präsenz" verstehen wir nun in diesem Zusammenhang das Bewusstsein der Gegenwärtigkeit eurer wahren Herkunft, eures wahren Seins. Die Präsenz, die Gegenwärtigkeit eurer Essenz, eurer Herkunft aus der QUELLE, liegt euch eigentlich im Blut und ist euer unveräußerliches Erbe. Es hat euch viel Mühe und Arbeit gekostet, euch dieses Bewusstsein weg zu trainieren – fast möchten wir euch zu dieser Leistung gratulieren, wenn ihre Folgen nicht inzwischen so verheerend geworden wären. Nun, es ist die Zeit gekommen, dass ihr euch auf eure Präsenz und eure wahre Größe zurückbesinnt. Viele Erwachende üben dies schon seit einer ganzen Weile und allmählich auch mit einigem Erfolg. Wir möchten hier zum einen noch einmal die Bedeutung der Selbst-Annahme betonen. Eure Stärke liegt gerade in der Akzeptanz eurer Schwächen! Denn indem ihr euch mit all euren Schwächen annehmt, nehmt ihr auch euren menschlichen Teil an und erkennt, dass er Teil*

*eurer innewohnenden Göttlichkeit ist. Ja, natürlich sind auch euer Ego und euer Verstand Teile eurer Göttlichkeit! Schließ-- lich gibt es nichts Manifestiertes, das nicht aus der QUELLE entsprungen wäre. Zum anderen möchten wir euch darauf hinweisen, dass das Bewusstsein eurer Präsenz, das Präsent- Sein, reine Übungssache ist. Es gilt für euch, die ihr in eurem Erwachensprozess immer wieder aus diesem Bewusstsein her- ausfallt, immer wieder neu hineinzugehen, euch eure Essenz, eure wahre Herkunft, euer wahres Sein, immer wieder neu ins Gedächtnis zurückzurufen. Hier kann unsere Übung sehr nütz- lich für euch sein und auch dieses Innehalten, der Gedanke: „Moment mal!", den wir euch vorgeschlagen haben. Ihr könnt diesen Gedanken noch ergänzen durch die innere Fra- ge: „Wer bin ich eigentlich wirklich?" So könnt ihr euch in Achtsamkeit üben, ohne dass es Mühe macht. Mühe, Anstren- gung und harte Arbeit sind nämlich ebenfalls Elemente des al- ten Bewusstseins und der ihm zugrundeliegenden alten Ener- gie. Im Neuen Bewusstsein und der Neuen Energie regiert die Leichtigkeit! Warum? Eure Präsenz beruht darauf. Was ihr wirklich seid, beruht darauf. Eure wahre Größe IST Leichtig- keit, ist Balance, ist Harmonie, ist Freude. So fühlen auch wir Bäume.*

*Und damit haben wir einen leichten Übergang zu unserem vierten Gesetz:*

### Deine Größe liegt jenseits allen Kampfes

*Wir haben schon mehrfach über eure alte Gewohnheit des Kämpfens gesprochen. Euer Verstand glaubt, dass ihr niemals etwas erreichen könntet ohne den Kampf. Dieser Kampf findet* natürlich in der äußeren Welt statt, wo ihr meint, jede Menge tun zu müssen. Autoren zum Beispiel denken, dass sie sich an tausend Verlage wenden müssten, um erfolgreich zu sein, oder, wenn sie ihr Buch selbst verlegen, dass sie Tausende von Euros und viel, viel Energie in Werbung investieren sollten. Sie glauben, tausend Zeitungen anschreiben zu müssen, tausend Annoncen schalten zu sollen. Nichts von alledem ist notwendig, und nichts von alledem führt zum Erfolg, wenn ihr nicht mit eurem Inneren verbunden seid! Bleiben wir beim Beispiel der Autorin. Wo liegt ihre wahre Größe? Ganz gewiss nicht in Auflagenhöhen und Verkaufszahlen. Ihre wahre Größe liegt in ihrem Beitrag, der sich danach bemisst, wie viel von Sich Selbst sie durch ihr Buch einbringt. Daraus wird schon einmal klar ersichtlich, dass Kampf in diesem Zusammenhang keine Rolle spielen kann: Um Dich Selbst einzubringen, brauchst du ja nicht zu kämpfen, denn es ist das Natürlichste von der Welt, Dich Selbst auszudrücken. Wenn du aber dein Buch zu den Menschen bringen willst, dann brauchst du ebenfalls nicht zu kämpfen. Du kannst auch seinen äußeren Erfolg ganz leicht erschaffen, indem du dich zunächst einmal nach Innen kehrst, also indem du dich Dir Selbst zuwendest. Hier ist erneut unsere Übung eine gute Hilfe. Du kannst während dieser Übung die Liebe deiner Seele einatmen und die Fülle, die unendliche Fülle, die für dich DA ist. Du kannst während des Atmens überprüfen, ob du tatsächlich Ja zu dir selbst sagst und Ja auch zu deinem Buch-Kind. Wenn du nämlich dich selbst und dein Werk nicht wertschätzt, wie sollen es dann andere schätzen können? Durch das Wurzeln schlagen während der Übung verbindest du dich außerdem fest mit der Erde, auf die du ja deine Buch-Schöpfung bringen möchtest. Und

*„Auf die Erde Bringen" bedeutet natürlich nicht nur, dass das Werk physisch existiert. Es muss durchaus auch zu den Menschen finden und die Menschen, für die es bestimmt ist, sollten es auch finden können. Aber eben nicht auf dem Wege des Kampfes, des Klinkenputzens, der aggressiven Werbung, sondern über den Schöpferweg von Innen heraus. Wir sprachen im Zweiten Teil vom Wachstum von Innen nach Außen. Auch das Erschaffen verläuft von Innen nach Außen – wie anders sollte es funktionieren in der Neuen Energie? Du hast dein Buch geschrieben, indem du aus deinem Inneren geschöpft hast, und nun gebierst du es aus deinem Inneren in die Welt hinaus und zeigst es den Menschen.*

Ines:

Danke für diese wertvollen Hinweise, die auch für mich persönlich wichtig sind. „Jenseits allen Kampfes". Ich verstehe das auch so, dass man nicht einfach nur passiv ist, denn dann würde man ja sozusagen die Kampfhandlungen anderer über sich ergehen lassen und sich zum „Opfer" machen. Sich jenseits allen Kampfes zu begeben, das bedeutet für mich, dass ich nicht kämpfe, aber ganz in meiner bewussten Präsenz DA bin – so wie Yeshua es uns vorgelebt hat. Seht ihr das auch so?

*Die Fichten:*
*Ja, ganz genau so. Jenseits allen Kampfes IST deine Präsenz! Jenseits allen Kampfes BIST DU. Und wo du BIST, da ist deine wahre Größe.*
*Damit kommen wir zu unserem fünften Gesetz:*

## Deine Teile ordne dem Ganzen ein

*Du hast zunächst den Bezug zum vierten Gesetz nicht gesehen. Wir erläutern ihn für euch: Das Ganze, das BIST ganz einfach DU in deiner Präsenz. Nun habt ihr Menschen im Laufe eurer zahlreichen Verkörperungen immer dann, wenn ihr eine mehr oder weniger schwere Verletzung erfahren habt, Seelenanteile abgespalten, um den entstandenen Schmerz nicht so stark spüren zu müssen. Diese Seelenanteile existierten und existieren aber weiter und sind mit „negativen" Gefühlen aller Art geladen. Manche sind so stark verletzt, dass sie regelrecht bösartig geworden sind und DICH hassen, deine Seele hassen, die QUELLE hassen, weil sie sie für ihren Schmerz verantwortlich machen. Manche andere sind wie hilflose kleine Kinder, die in Ängsten erstarrt sind. Alle diese zahlreichen Anteile wollen und sollen in dieser Neuen Zeit nach Hause zu eurer Seele zurückkehren. Viele von euch, die schon seit längerer Zeit auf dem Weg des Erwachens wandern, üben sich schon darin, diese Teile heimzuholen. Für andere ist dies wahrscheinlich ein ganz neuer Gedanke. Es verhält sich aber folgendermaßen: Immer dann, wenn ihr euch unwohl fühlt, wenn ihr Angst vor einem neuen Entwicklungsschritt habt, liegt es nahe hinzuschauen und hinzuspüren, ob verletzte und abgespaltene Seelenanteile euch behindern. Diese wollen letztendlich einfach heilen und zurück zur Seele gebracht werden. Auch hier wieder ist unsere Übung ein leichtes und wirkungsvolles Mittel: Lasst eure Wurzeln, eure Verbindung zu Mutter Erde, wachsen, lasst eure Aura sich ausdehnen und dann spürt zu diesen Anteilen hin und spürt zur Liebe eurer Seele hin. Nehmt ein paar weiche Atemzüge und erlaubt den Anteilen heimzukehren. Im Falle von bösartig gewordenen Anteilen sitzt aufrecht, geht bewusst in eure Kraft und Präsenz und praktiziert den Atem der Stärke. Dann können auch diese Anteile zur Seele gehen.*

Ines:
Meines Wissens gibt es aber auch die Möglichkeit, dass wir von sogenannten Fremdenergien ausgesaugt und gequält werden. Wie gehen wir mit denen um?

*Die Fichten:*
*Ihr braucht normalerweise niemanden, der sie euch „wegmacht". Setzt euch immer wieder aufrecht hin, praktiziert unsere Übung in Kombination mit dem Atem der Stärke und spürt zu diesen Energien hin, nehmt sie wahr. Schon allein das mögen sie überhaupt nicht. Geht immer wieder ganz in eure eigene Präsenz, seid DA und signalisiert diesen Energien, dass ihr es ihnen nicht erlaubt, euch weiterhin auszusaugen und zu quälen. Ihr könnt auch zusätzlich Erzengel Michael um Hilfe bitten, der die Energien an einen Ort bringen wird, der für sie angemessen ist.*
*Hier möchten wir unser sechstes Gesetz anschließen, das lautet:*

### In deiner Präsenz ist Fülle

Deine Präsenz ist Alles Was Du Bist. Und Alles Was du Bist ist Fülle, und zwar unendliche, unerschöpfliche Fülle. Mehr bräuchten wir zu diesem Satz eigentlich gar nicht zu sagen, aber wir wollen ihn doch noch ein wenig erläutern:

*Alles Was Du Bist kommt aus der Göttlichen QUELLE und diese IST Fülle. Vergegenwärtige dir nur einmal, dass Alles, einfach Alles, was jemals existiert hat, was jetzt existiert und was existieren wird, aus dieser Quelle kommt. Ganz zu schweigen von all den Potenzialen, all den Möglichkeiten, die sich vielleicht niemals in einer Form ausdrücken werden. Das Göttliche ist unerschöpflich und unendlich, gerade weil es in seiner Urgestalt keine Gestalt hat, weil es „Nichts" ist und Alles sein kann. Diese unerschöpfliche Fülle des Göttlichen ist selbstverständlich das eingeborene Erbe eines jeden manifestierten Wesens, also auch eines jeden Menschenwesens. Euer altes Mangelbewusstsein, das ihr euch in Jahrtausenden mühevoll antrainiert habt, entsteht aus der grundlegenden Illusion heraus, in der ihr euch ebenfalls seit Jahrtausenden eingerichtet habt, nämlich der Illusion der Trennung von der göttlichen QUELLE. Diese war und ist aber in Wirklichkeit immer IN euch und um euch herum. Über euch, unter euch, überall...*

*Die Fülle IN euch könnt ihr ganz leicht mit Hilfe unserer Übung auch von Außen her zu euch kommen lassen in vielerlei Gestalten: in der Form von Geld, in der Form von liebevollen neuen Beziehungen, in der Form eines neuen Autos oder einer neuen Wohnung, eines neuen Hauses, die ihr in euer Leben holen möchtet.*

Ines:

Das klingt so einfach, aber auch hier ist es notwendig, dass wir vollständig aus dem alten Massenbewusstsein ausscheren. Und das erweist sich als eher schwierig…

*Die Fichten (lachend):*

*Es ist ein Übungsweg, wie alles andere auch. Und er ist viel einfacher als die mental ausgerichteten Schöpfungswege, die in den ersten Jahrzehnten der „Lichtarbeiter"-Bewegung einige Verbreitung fanden: Sie verliefen über die „Gedankenkraft", die „Vorstellungskraft", das Visualisieren, das Herbeiwünschen, Herbeizwingen wollen. Ja, alle diese älteren mentalen Wege hatten noch mit Zwang, also Kampf zu tun. Kein Wunder, denn sie verliefen über die Arbeit des Verstandes. Der dachte sich etwas aus, was er wollte und strengte sich anschließend mächtig an, um es eben herbeizuzwingen. Wenn du dich aber in deine Präsenz begibst und deine innere Fülle spürst, eine lebendige Beziehung und Verbindung mit ihr eingehst, dann brauchst du nur Ja dazu zu sagen und kannst sie in deine Welt hinein atmen!*

Ines:

Ich muss einräumen, dass ich persönlich mich mit diesem Weg noch etwas schwertue.

*Die Fichten:*

*Das macht überhaupt nichts und gilt für die meisten Erwachenden, die in letzter Zeit begonnen haben ihn zu beschreiten. Es liegt daran, dass ihr noch so sehr be- und gefangen seid in den alten Vorstellungen von Kampf und Anstrengung. „Von nichts kommt auch nichts", lautet ein altes Sprichwort, das meint, dass nichts ohne harte Arbeit funktioniere. Vielleicht war das in der alten Energie sogar zutreffend… WIR sagen euch nun: **„Von NICHTS kommt ALLES!"** (Lachen) Probiert doch einmal aus, was passiert, wenn ihr euch in dieses Nichts,* *in diese leere Fülle, in diese mit Potenzialen aller Art prall gefüllte Leere, einfach hineinfallen lasst. Ihr badet dann in eurem eigenen inneren Reichtum, das können wir euch nur empfehlen!*

Ines:
Das ist eine sehr schöne Anregung, die ich bald ausprobieren werde. Und damit möchte ich zu eurem siebten Gesetz übergehen:

### Die Liebe der QUELLE ist überall

*Die Fichten:*
*Das scheint ja zunächst eine Banalität zu sein – so sagt vielleicht euer Verstand. Aber es ist keine! Denn wie oft habt ihr euch im alten Bewusstsein gefragt: „Warum lässt Gott das zu? Wo ist da Seine Liebe?" Es gibt ja in der christlichen Tradition den Satz: „Gott ist die Liebe". Und ihr Menschen habt geglaubt, Er müsse immer dann handfest eingreifen, zum Beispiel über seine Engel, wenn ihr gegen die Liebe handelt. Tatsache ist aber, dass ihr einen freien Willen mit auf den Weg bekommen habt und dass die Geistige Welt nicht eingreifen kann, nicht eingreifen darf, wenn ihr sie nicht darum bittet.*

Ines:
Ja, das ist mir bekannt. Auch weiß ich, dass die Geschenke aus dem Universum nicht unbedingt immer die sind, die unser Ego und Verstand sich wünschen oder vorstellen. Ich bin der Überzeugung, dass wir zu jeder Zeit genau das bekommen, was wir für unsere jeweils aktuelle Entwicklung brauchen.

*Die Fichten:*
*Dem pflichten wir bei. Und nun spürt einmal selbst tiefer in diesen Satz hinein: „Die Liebe der QUELLE ist überall".*

Ines:
Wenn ich aus dem Fenster schaue, sehe ich die Bäume in unserem Garten, deren Zweige sich im Wind bewegen. Darin spüre ich ganz viel Liebe.

*Die Fichten:*
*Da ist auch ganz viel! Wir möchten jetzt nicht ausführen, warum die Liebe der QUELLE auch in jedem „unangeneh-men" und von euch unerwünschten Ereignis enthalten ist. Stattdessen möchten wir euch noch einmal darauf hinweisen, dass diese Liebe auch IN DIR, und dir, und dir... in jedem Menschen wohnt. Das Entscheidende ist, dass du immer wie-der neu die Verbindung zu ihr aufnimmst! Still werden, inne-halten, „Moment mal!" denken, „Wer bin ich wirklich?" – dann kannst du die Stille in deinem Inneren besser spüren und in dieser Stille triffst du die Liebe der QUELLE, die auch deine eigene Liebe ist. Denn als Wesen, das aus der QUELLE hervorgeht, bist du selbst diese Liebe. Gerade wenn du vielleicht auf jemanden oder etwas oder auf dich selbst wütend bist, wenn ängstliche Anteile dich im Griff zu haben scheinen, wenn dein Verstand behauptet, der Schöpfungsweg von Innen nach Außen könne niemals funktionieren – dann halte inne und frage dich, wer du wirklich bist. Nimm Verbindung auf zu der Liebe in deinem Inneren, die Du Selbst Bist! Wenn du auf diese Weise immer wieder übst, dann wirst du letztendlich*

*diese Liebe in dein Leben holen, dein Bewusstsein wird voll-*
*kommen neu werden und Fülle in jeglicher Form wird zu dir*
*kommen, ohne dass du dich zu bemühen brauchst.*

Ines:
Ja… Solange es nicht so ist, haben wir einfach noch nicht ausreichend geübt, diese Verbindung zur QUELLE aufzuneh-
men… Und dafür brauchen wir uns nicht selbst zu geißeln,
sondern wir können weiter üben.

*Die Fichten:*
*Recht so! Unser achtes Gesetz lautet:*

## Erde, Wasser, Wind und Sonne nähren dich – gib dich ihnen hin

Ines:
Das scheint jetzt ein Satz zu sein, der sich in erster Linie auf
euch Bäume bezieht.

*Die Fichten (lachend):*
*Nein, durchaus nicht! Vordergründig, ja. Aber spürt auch hier*
*einmal tiefer hinein! Zunächst durchaus auf der physischen*
*Ebene: Könnte euer Körper ohne diese Vier existieren? Doch*
*wohl schwerlich! Die Früchte der Erde, von denen ihr euch*
*ernährt, brauchen Erde, Wasser, Wind und Sonne. Aber schau-*
*en wir uns doch vorrangig einmal die spirituelle Seite dieser*
*Aussage an. Die Erde ist der Planet, der euch hält und trägt –*
*nicht nur körperlich. Sie hält und trägt euch auch mit ihrer*
*grenzenlosen Liebe. Hätte sie euch – oder die Mehrheit von*

*euch – sonst nicht schon längst abgeschüttelt, so wie ihr lästige Insekten vernichtet? Bedenkt einmal, was eure Spezies ihr in ihrem alten Bewusstsein angetan hat und noch antut. Wie geduldig hält sie euch trotzdem! Das Wasser ist die Quelle allen Lebens, sowohl auf der physischen, als auch auf den energetischen und spirituellen Ebenen. Wir haben schon wiederholt darüber gesprochen. Der Wind ist bewegte Luft, auf der physischen Ebene. Auf der spirituellen Ebene steht er für den Göttlichen Geist, für den Göttlichen Atem, der durch jedes Wesen hindurchfließt, auch durch euch. „Der Geist weht, wo er will", formuliert ein Kirchenlied, und darin ist die Aussage enthalten, dass der Geist wie der Wind ist. Schließlich die Sonne – das LICHT. Spirituell steht sie für das Licht des Bewusstseins. Auf vielen Ebenen ist sie Quelle des Lebens auf eurem Planeten. Sie ist, wie dieser, ein voll bewusstes Wesen und lässt euch in dieser Aufstiegszeit zahllose Informationen zukommen, die ihr für die Umwandlung eurer DNA und eurer Körperzellen braucht.*

Ines:
Ah, danke! Wie aber können wir uns der Erde, dem Wasser, dem Wind und der Sonne *hingeben*? Mit dieser Aufforderung kann ich nicht wirklich etwas anfangen.

*Die Fichten:*
*Diese Hingabe ist eine geistige Haltung. Ihr könnt sie umsetzen, indem ihr zum Beispiel mit diesen Vieren zusammen atmet oder indem ihr in Dankbarkeit mit ihnen sprecht, zu ihnen betet.*

Ines:
Könnt ihr noch etwas mehr zu dieser geistigen Haltung sagen?
Was kennzeichnet sie?

*Die Fichten:*
*Respekt, Ehrfurcht, auch wohlverstandene Demut. Demut na-*
*türlich nicht im Sinne von Unterwürfigkeit, sondern Demut,*
*die sich der Tatsache bewusst ist, dass du Teil eines unermess-*
*lich großen und herrlichen Ganzen bist. Ja, auf einer bestimm-*
*ten Ebene BIST Du Selbst ALLES, aber als Menschenwesen*
*hast du auch eine Seite, die bescheiden sein darf.*

Ines:
Aber gewiss! Ich ahne, was ihr meint, kann es aber nicht so
ganz in Worte fassen.

*Die Fichten:*
*Dann lassen wir es doch einfach so stehen und gehen zum*
*neunten Gesetz über. Es lautet:*

## Sei was du BIST

*Wir haben euch in diesem Rahmen schon des Öfteren gesagt,*
*dass ihr Wesen aus der Göttlichen Quelle seid, die eine*
*menschliche Erden-Erfahrung durchlaufen. Genau in dieser*
*Form haben wir es vielleicht noch nicht formuliert, aber dies*
*trifft den Sachverhalt haargenau. DAS also BIST du: Ein We-*
*sen aus der Göttlichen Quelle, das eine menschliche Erden-*
*Erfahrung durchläuft. Und wenn du dazu aufgefordert bist,*
*das zu sein, was du BIST, dann ist eben dieses gemeint: Dass*

*du voll bewusst ein solches Wesen verkörperst. Das bedeutet, dass du dir stets deiner beiden Seiten voll bewusst sein solltest: der unendlichen, unbegrenzten Göttlichen Seite, aber auch der endlichen und begrenzten menschlich-irdischen Seite. Denn sobald du nur die göttliche Seite zu leben versuchst, wirst du entweder hochmütig werden, oder aber in einer Weise „abheben", dass du jegliche Erdung verlierst, und in beiden Fällen werden die Umstände deines äußeren Lebens dich früher oder später zum Absturz in Form einer Bruchlandung bringen.*

Ines:
Solche kenne ich... Und ich habe auch von anderen Erwachenden gehört, denen es so ergangen ist.

*Die Fichten:*
*Ja, auf diese Weise erinnert euch das Leben dann an seine andere Seite. Wenn ihr aber, wie die meisten Menschen das noch tun, nur eure menschlich-irdische Seite seht, dann seid ihr wie der „Wurm, der am Boden kriecht". Das beinhaltet auch eine Perspektive, aber eine sehr eingeschränkte. (Lachen)*
*Die Kunst für euch besteht eben darin, beides zu verbinden. Einfach gesagt: Seid wie wir Bäume – mit den Wurzeln tief in der Erde und mit der Krone dem Himmel, der Sonne entgegen wachsend. Dabei steht ihr naturgemäß aufrecht, mit geradem Rücken. Ihr steht für Euch Selbst und seid niemandes Sklave. Ihr seid eigenständige, selbstständige Menschen voller natürlicher Würde. In dieser Neuen Zeit könnt ihr es zum ersten*

Mal in der Geschichte der Menschheit wirklich, wirklich
SEIN.

Ines:
Das klingt sehr erhebend.

*Die Fichten:*
*Wir Bäume möchten euch dazu ermutigen, diesen neuen Weg*
*zu gehen! Dabei helfen euch die Gesetze 10 und 11, die wir*
*gleich im Anschluss behandeln möchten:*

**JETZT ist die Zeit**
**HIER ist der Ort**

*Auch über das Sein im Hier und Jetzt haben wir schon*
*gesprochen. An dieser Stelle möchten wir folgendes betonen:*

*Die „Zeit", eure menschliche Uhr-Zeit, ist eine Illusion. In*
*dieser Form, wie ihr sie euch vorstellt, gibt es sie überhaupt*
*nicht. Was es real gibt, das sind die kosmischen Zyklen, und*
*was es real gibt, das ist das JETZT, der gegenwärtige Au-*
*genblick. Du erinnerst dich an diesen Kiosk im Schwarzwald,*
*der die Aufschrift trug: „Freibier gibt's morgen". Du hast da-*
*mals, als du dies last, sehr geschmunzelt, denn natürlich gibt*
*es das Freibier NIE. Morgen – von heute aus gesehen – steht*
*dieser Satz immer noch da. Und so weiter… Morgen existiert*
*einfach nicht, es existiert nur das Heute, das JETZT. Auch das*
*Gestern – wo ist es hin? Ja, ihr schwelgt oft in Erinnerungen*
*oder noch öfter grämt ihr euch in euren Erinnerungen, aber*
*existiert deswegen das Gestern? Nein, ganz gewiss nicht! Und*

*weiter: Auf der kosmischen Ebene IST alles zugleich DA. Das „zeitliche" Vorher-Nachher, die zeitliche „Abfolge", ist eine Besonderheit eurer physisch-irdischen Erfahrung. In Wahrheit enthält jeder Augen-Blick ALLES.*

Ines:

Und dennoch ist zum Beispiel die Zukunft der Erde und der Menschheit überhaupt nicht wirklich konkret vorhersagbar. Wie erklärt ihr das, wenn doch ALLES, also auch die Vergangenheit und die Zukunft, in jedem Augenblick enthalten ist?

*Die Fichten (lachend):*
*Ja, vielleicht ist das eine göttliche Paradoxie... ALLES, mit Bezug auf die Zukunft, das sind unzählige Potenziale, und es ist in der Tat gerade in der heutigen Zeit völlig unmöglich konkret vorauszusagen, wie es demnächst auf der Erde aussehen wird. Es hängt von jedem einzelnen Menschen ab, und da ihr bekanntlich den Freien Willen habt, hängt es von zahllosen menschlichen Entscheidungen ab, von unbewussten und von bewussten Wahlen. Wobei es das bewusste Wählen von Erwachten ist, das den Planeten in der Weise umgestalten wird, wie wir es uns wünschen.*

Ines:
Und was möchtet ihr zum Thema „HIER" hervorheben?

*Die Fichten:*
*Das „Dort", das „Woanders", existiert ebenso wie das „Gestern" und das „Morgen" nur in eurem menschlichen Bewusstsein.*

Ines:

Oh! Ich weiß doch, dass es andere Orte auf der Erde und im Kosmos gibt als den Platz, an dem ich jetzt gerade sitze und schreibe!

*Die Fichten (grinsend):*
*Ja, du denkst, dass diese Orte unabhängig von deinem Bewusstsein, „objektiv", existieren, weil du dich ja ins Auto oder ins Flugzeug setzen und dich nach Woanders begeben kannst. Das funktioniert vielleicht noch leidlich auf der Erde, aber wie sieht es mit dem Kosmos aus? Deine Kenntnisse in Astronomie sagen dir, dass die Fixsterne und Galaxien, die du nachts am Himmel beobachten kannst, mehrere bis unzählige „Lichtjahre" entfernt sind – woher willst du wissen, ob es sie überhaupt noch gibt? Der Nachthimmel, den ihr betrachtet, ist eine einzige Illusion!*

Ines:

Das stimmt allerdings. Wollt ihr nun also die alte esoterische und hinduistisch-buddhistische Weisheit wieder aufwärmen, dass die ganze Welt „Maya", also Illusion sei und nur von unserem (kollektiven) menschlichen Bewusstsein erschaffen?

*Die Fichten (schallend lachend):*
*Vor allen Dingen „NUR"! ALLES was ist, ist vom Bewusstsein erschaffen, ha, ha, ha, ha! Vom Göttlichen Bewusstsein, und was ist das menschliche Bewusstsein in seiner Essenz anderes?*

Ines:
Also, das möchte ich jetzt einfach wieder mal so stehen lassen. Könnt ihr zum Abschluss zu dem Satz „HIER ist der Ort" noch etwas weniger Schwieriges sagen?

*Die Fichten:*
*Na, gerne. Für euch Menschen ist es immens wichtig, euch möglichst jederzeit mit eurem Bewusstsein an dem Ort aufzuhalten, an dem ihr euch gerade befindet. Natürlich in dem Augenblick, der gerade lebendig ist. Wie sonst wollt ihr die Wahlen treffen, die Hier und Jetzt erforderlich sind? Ihr könnt keine bewussten Wahlen für den Augenblick treffen, wenn ihr euch mit eurem Bewusstsein „Übermorgen in Honolulu" befindet. Ihr werdet dann stattdessen erneut mit den Konsequenzen von unbewussten Wahlen konfrontiert werden. Und ihr wisst, dass euch diese selten gefallen...*

Ines:
Vielen Dank! Ihr habt heute einen ausgesprochen pikanten Humor.

*Die Fichten:*
*Du forderst uns dazu heraus, ha, ha, ha. Jetzt können wir aber gerne etwas ernster werden, wenn wir miteinander das zwölfte Gesetz besprechen:*

# Alles fließt – fließe mit

Ines:
„Alles fließt" – das hat schon ein alter Grieche gesagt, Heraklit, glaube ich.

*Die Fichten:*
*Ganz gleich, wie er hieß, er hatte Recht. Alles Manifestierte – sowohl auf den physischen wie auf den feinstofflichen Ebenen – ist Energie, und Energie will fließen. Wenn sie blockiert wird, sind die Folgen normalerweise von euch Menschen unerwünscht und werden als sehr unangenehm empfunden. Eure Körper werden kraftlos oder sogar krank, eure Psyche ebenfalls. Auch Gefühle wollen im Fluss sein – einschließlich der „negativen" Gefühle wie Wut, Angst oder Schmerz. Wenn ihr diese durch euch hindurchfließen lasst, anstatt sie zu bekämpfen, zu unterdrücken, zu blockieren, dann könnt ihr völlig neue Erfahrungen machen. Wir wissen, auf diesem Gebiet sind auch viele Erwachende noch am Anfang ihres Übungsweges. Manche meinen, „positives Denken" in der Form praktizieren zu müssen, dass sie unerwünschte Gefühle bekämpfen und durch erwünschte ersetzen. Andere wagen es einfach immer noch nicht, innezuhalten und sich den unangenehmen Gefühlen zu stellen, sie einfach da sein zu lassen. Wenn ihr das aber tut, ist der nächste Schritt, dass ihr sie durch euch hindurch fließen lasst. Probiert es einmal aus! Wir sagen euch nicht, was ihr dabei erleben und erfahren könnt, denn das wird bei jedem von euch etwas anderes sein. Irgendwann aber kommt ihr immer in die Verbindung mit der Liebe der QUELLE In Euch...*

Ines:

Mir kommt gerade aus meinem Inneren der Satz: **„Fließe mit dem Leben."**

*Die Fichten:*

*Sehr, sehr schön! Da hat deine Seele gesprochen. Ja, das Leben selbst ist immer im Fluss, ist immer in Veränderung, nur wenn du dich dagegen stemmst, wirst du Leiden erfahren. Wenn du aber mit fließt, wirst du Fülle und Freude in jeglicher Form erleben. Übrigens, noch ein Nachtrag zum Satz „JETZT ist die Zeit": Er meint auch, dass immer JETZT die Zeit ist, um Veränderung zu erfahren und auch, um sie selbst aus dem eigenen Inneren heraus ins Werden zu bringen. Und „HIER ist der Ort", an dem du dies tun kannst!*

Ines:

Wunderbar, danke! Dann können wir jetzt zum dreizehnten Gesetz übergehen:

**Sei was IST**

Inwiefern ist das eine andere Aussage als das „Sei was du BIST"?

*Die Fichten:*

*Gute Frage. Denn in der Tat BIST du was IST. Ja, und doch ist da ein Unterschied in den beiden Sätzen. Spüre einmal tief hinein in dieses „Sei was IST", damit du unsere Antwort gut hören und in menschliche Sprache übersetzen kannst.*

182

Ines:
Ich bekomme von meiner Seele die Erklärung: **„Sei das LE-BEN selbst."**

*Die Fichten (begeistert):*
*Ja! Genau das ist es! Was IST, das ist das unendliche, uner-schöpfliche göttliche LEBEN, ja! Dieses wunderbare Gesetz fordert euch also dazu auf, nicht einfach nur euer äußeres menschliches Leben zu leben, sondern das Göttliche Leben zu SEIN, es zu verkörpern. „Verkörpern" aber bedeutet, dass ihr die Essenz des Göttlichen Lebens wörtlich in eure Körper hinein und damit in die physische Realität bringt.*

Ines:
Oh, ich glaube, ich weiß auch schon einen schönen Weg, wie wir das tun können, nämlich über den Atem.

*Die Fichten:*
*Genau. Über diesen wollen wir später beim 18. Gesetz noch besonders sprechen. An dieser Stelle aber möchten wir euch noch auf ein anderes hinweisen: Es ist genau dieses, nämlich das Ver-Körpern des Göttlichen Lebens, und zwar das voll bewusste Ver-Körpern, der Grund, warum ihr überhaupt vor vielen Jahrtausenden eure irdischen Reisen begonnen habt! Hier und heute ist die Zeit eurer Ankunft, eures vollen Erwachens. Es kann sich beim einen oder anderen noch um ein paar Monate handeln, bis er oder sie vollständig „DA" ist, aber alle von euch, die seit Jahren oder gar seit Jahrzehnten auf dem Weg sind, stehen im Endspurt und es ist nicht wirklich*

*von Bedeutung, ob du ein paar Tage oder Wochen oder auch Monate früher oder später die Ziellinie überschreitest. Du wirst es tun!*

Ines:
Ja! Auch ich bin dazu fest entschlossen. Jetzt, wo ich dies niederschreibe, haben wir Mitte Juli 2012. Im Laufe dieses Monats kommen schon etliche Erwachende an, wie ich einem ernstzunehmenden Text aus dem Internet entnommen habe.

*Die Fichten:*
*So ist es. Und das bedeutet, dass das Feld des Neuen Bewusstseins schon bald für euch alle, die ihr es braucht, stärker spürbar sein und euch merklich unterstützen wird. Dieses Neue Bewusstseinsfeld repräsentiert ganz genau DAS LEBEN auf der Erde und es wird mit jeder Neuankunft eines Erwachten kräftiger und machtvoller werden – machtvoll nicht im Sinne von Manipulation und Unterdrückung, sondern machtvoll wie eben GOTT ist…*

Ines:
Wie sehr ich mich darauf freue! Können wir nun das 14. Gesetz besprechen? Es lautet:

**Größe ist Schwäche, Schwäche ist Größe**

*Die Fichten:*
*Gern. Dieses Gesetz ist nur scheinbar eine Wiederholung des zweiten („Stärke und Schwäche sind Eins.") Ja, natürlich hängen diese beide Sätze inhaltlich zusammen, aber wir haben*

diesen Inhalt nicht umsonst zweimal formuliert und an verschiedene Stellen in unserem Gesamtkanon gesetzt. Hier an dieser Stelle sprechen wir ausdrücklich von „Größe" und nicht von „Stärke", das macht den eigentlichen Unterschied aus. Und wenn wir von „Größe" sprechen, dann beziehen wir uns grundsätzlich auf das, was ihr wirklich seid. „Größe ist Schwäche" meint auf der ersten Bedeutungsebene: Die Größe des Göttlichen ist in der Schwäche des Menschlichen verkörpert." „Schwäche ist Größe" meint auf derselben Ebene: „Die Schwäche des Menschlichen umkleidet die Größe des Göttlichen."

Ines:
Ah, toll! Darauf wäre ich jetzt nicht so ohne Weiteres gekommen.

*Die Fichten (lächelnd):*
*Es muss ja auch noch etwas für uns zu sagen bleiben... Schauen wir uns diesen Doppelsatz nun auf einer zweiten Bedeutungsebene an. Hier heißt „Größe ist Schwäche", dass die menschliche Größe immer verletzlich ist. Sie kann „fallen" und „zu Fall gebracht" werden. Und „Schwäche ist Größe" heißt auf dieser Ebene, dass ein Mensch Größe beweist, wenn er seine Schwächen annimmt und auch nicht vor anderen zu verbergen sucht.*

Ines:
Ich sehe. Gibt es noch eine dritte Bedeutungsebene für dieses Gesetz?

*Die Fichten:*
*Ja, denn „aller guten Dinge sind Drei" (kichern). „Größe ist Schwäche, Schwäche ist Größe" bedeutet hier: Wenn du dir deiner Verletzlichkeit bewusst bist und sie annimmst, bist du unverletzlich."*

Ines:
So etwas Ähnliches habt ihr an anderer Stelle schon einmal gesagt. Ich glaube, hier kann man auch einen Bogen schlagen zu eurer Aussage, dass man völlig neue Erfahrungen machen kann, wenn man zum Beispiel den Schmerz durch sich hindurch fließen lässt. Verletzung in jeglicher Form bereitet ja zunächst einmal immer Schmerzen. Wenn man nun kampflos zulässt, dass man verletzt wird und diesen Schmerz fließen lässt, dann wird dies dazu führen, dass der Schmerz sich schließlich auflöst und man sich einfach im Inneren Frieden Gottes wiederfindet, nicht wahr?

*Die Fichten:*
*Wunderbar, ja, so ist es! Das war's zu diesem Gesetz. Unser 15. Satz lautet:*

### Ist der Geist klein, bleibt der Baum klein

*Hier haben wir einmal den Baum als Bild für den Menschen verwendet. Ja, es ist so, das sagten wir schon im Ersten Teil, dass es manchmal kleinmütige Bäume gibt, die dann auch nicht besonders groß werden können. Wir wollen aber an dieser Stelle vom menschlichen Kleingeist sprechen, von eurem alten Ego, wie ihr es gerne nennt. Dieser Kleingeist ist sehr wohl, auch das erwähnten wir schon, ein Teil des Göttlichen, aber er kann sich darin nicht wirklich erkennen. Was er manchmal tut, ist, sich selbst mit dem Göttlichen zu identifizieren. Der Tiefenpsychologe Carl Gustav Jung sprach in diesem Zusammenhang von „Ego-Inflation" (Aufblähung). Das Ergebnis ist dann ein „Größenwahn". Dies ist ein realer Wahn, denn in der Tat ist das Ego, für sich genommen, nicht GOTT, sondern eben ein kleiner Teil des Göttlichen. Ein Mensch nun, der sich mit seinem Ego identifiziert, welches seinerseits immer im Bunde mit eurem begrenzten Verstand zu sein pflegt, bleibt, spirituell gesehen, klein, auch wenn er in der Außenwelt noch so stark, erfolgreich und mächtig wäre.*

Ines:

„Wes Geistes Kind" also ein mächtiger und erfolgreicher Mensch ist, das können wir daran erkennen, ob er wahre Innere Größe ausstrahlt, oder eben nicht.

*Die Fichten:*

*Genau. Ein Mensch, der nur dem Kleingeist folgt, wird raffgierig, geizig, im Mangeldenken befangen, und vor allen Dingen voller Ängste sein, auch wenn er sich wie ein Gorilla auf der Brust herum trommelt. Gerade wenn einer in die Welt hinein posaunt, er sei „der Größte", ist natürlich Skepsis geboten, das wisst ihr ja genau. Innere Größe hat es nicht nötig sich angeberisch zu produzieren, auch das wisst ihr. Außerdem sagt Innere Größe niemals: „Was ich kann und bin, das kannst du niemals können und sein." Im Gegenteil, sie sagt: „Was ich kann und bin, das kannst und bist auch du, denn wir sind Eins." Yeshua gab euch ein schönes Unterscheidungsmerkmal, was die Größe eines Menschen betrifft: „An ihren Früchten werdet ihr sie erkennen." An den Früchten, den Ergebnissen nämlich, ihrer Gedanken, Worte und Taten. Wir fügen hinzu: „Ihr werdet sie erkennen an dem, was sie SIND."*

Ines:
Nun, dann ist deutlich zu sehen, dass eine große Mehrheit der *noch* Mächtigen in Wirtschaft, Finanzwelt und Politik auf diesem Globus zur Gruppe der Kleingeistigen gehört.

*Die Fichten:*
*Ja. Eigentlich wissen das auch alle... Was solltet nun ihr Erwachenden „dagegen" tun? Rhetorische Frage: natürlich überhaupt nichts! Es ist nicht von euch verlangt, dass ihr etwas „gegen" diese Menschen tut. Es ist nicht erforderlich, dass ihr gegen sie kämpft! Was erforderlich ist: Es gehe ein jeder und eine jede Einzelne von euch in seine und ihre ganz Eigene Kraft! Seid was IST, seid wer Ihr Seid, tut was ihr WOLLT, was ihr wirklich wollt, das ist alles. Schon jetzt ist die Neue Welt, die ihr seid, „im Schoße der alten" im Entstehen, um einmal die Worte des Kommunisten Karl Marx zu gebrauchen. Eine Neue Welt aus innerlich freien Menschen, die auch eine völlig neue Politik, Wirtschaft, Finanzwelt aufzubauen sich anschicken!*

Ines:
Yippiiiiieh! Ja, ich bin dabei!

*Die Fichten:*

*Großartig! Unser 16. Gesetz kommt eurem Verstand vielleicht so vor, als falle es aus dem Rahmen. Es lautet:*

## Alle Farben sind Weiß

*Nun, ihr werdet sehen, dass es hervorragend in unseren Zusammenhang hineinpasst. Ihr kennt die physikalische Tatsache, dass die Spektralfarben, die Farben des Regenbogens, sich entfalten, wenn weißes Licht gebrochen wird. Dies ist natürlich der physische Hintergrund unseres Satzes. Aber was meinen wir spirituell?*
*Nun, die Farbe Weiß steht für das Reine, Unerschaffene Göttliche Licht, und die Farben, die aus ihm hervorgehen, für alles Manifestierte, auf welchen Ebenen auch immer. Die Aussage „Alle Farben sind Weiß" bedeutet also ganz einfach, dass Alles Was Ist, also alles was manifestiert ist, was in irgendeiner Weise eine Form und einen Inhalt hat, seiner Essenz nach das Reine, Unerschaffene Göttliche IST.*

Ines:
Ah, ja. Das leuchtet im wahrsten Sinne des Wortes ein. Warum aber steht dieses Gesetz eigens noch einmal in dieser Reihe?

*Die Fichten:*
*Ganz einfach, weil diese Wahrheit in dieser Form noch nicht ausgesprochen wurde. Du kennst doch das katholische Glaubensbekenntnis immer noch auswendig. Da heißt es über Yeshua/Jesus, er sei „Gott von Gott, Licht vom Lichte, wahrer Gott vom wahren Gott...". Das ist selbstverständlich zutreffend. Was die christlichen Kirchen aber nicht lehren, ja, was*

189

*sie sogar strikt leugnen, ist die Tatsache, dass diese Aussage auf alle Menschen, auf alle Wesen überhaupt, zutrifft! Alles Was Ist ist „Licht vom Lichte", wirklich ALLES. So reich auch die Formen sein mögen, so vielfältig die Farben, alles dieses ist Weiß, ist seinem Wesen nach Göttlich.* **Alles Erschaffene ist seinem Wesen nach Unerschaffen,** *so könnt ihr es auch formulieren.* **Alle Form ist in ihrem Innersten formlos.** *Alles Licht ist Weiß, alle Farben sind Weiß, kurzum.*

Ines:
Vielen Dank, das ist wirklich sehr erhellend. Ich glaube, mehr brauchen wir hierzu gar nicht zu sagen.

*Die Fichten:*
*Stimmt. Gehen wir zum 17. Gesetz über:*

### Wissen ist Nichts

Ines:
Hierzu gibt es eine Anekdote aus meinem eigenen Leben, die ich an dieser Stelle erzählen möchte: Vor einigen Jahren stieg ich auf einen kleinen Berg bei Blaubeuren auf der Schwäbischen Alb. Unterwegs nahm ich in meinem Inneren die Stimme eines Aufgestiegenen Meisters wahr, der mir ankündigte, wenn ich oben angekommen sei, werde er mir eine zentrale Wahrheit mitteilen. Der Satz, den ich dann beim Rusenschloss erhielt, war genau dieser: „Wissen ist Nichts." Ich war damals zunächst einmal richtig ärgerlich, fühlte mich sogar verhöhnt. Wie konnte der Meister behaupten, dass *Wissen nichts wert* sei? So verstand ich die Aussage nämlich im ersten Augen-

blick. Später ging mir nach und nach auf, welche Tiefe in diesem Satz verborgen ist. Ich bin nun sehr gespannt auf eure Ausführungen hierzu, liebe Bäume.

*Die Fichten:*
*Danke fürs Teilen dieser kleinen Geschichte. Wir mussten sehr schmunzeln. Nun, „Wissen ist nichts wert"... auch dies steckt durchaus in unserem Satz, allerdings in der folgenden verdeutlichenden Formulierung: „Alles* **Verstandeswissen** *ist nichts wert, wenn du nicht* **fühlst***, wer du wirklich bist."*

Ines:
Verstandeswissen ohne innere Verankerung, sozusagen.

*Die Fichten:*
*Schön ausgedrückt, ja. Zur näheren Erläuterung: Es bringt euch nicht viel, oder überhaupt nichts, wenn ihr „im Kopf wisst", dass ihr Wesen aus der Göttlichen Quelle seid. Wenn euer Kopf abgeschnitten ist von eurem Herzen, abgeschnitten ist von eurer Seele, dann ist dies nicht mehr als eine hohle Phrase, leeres, gedroschenes Stroh. Wahres Wissen kommt aus einer tiefen Erfahrung heraus, und die ist nicht übertragbar – es muss sie ein jeder und eine jede für Sich Selbst machen.*

Ines:
Ja, so ist es. Aber auch Wahres Wissen ist Nichts, sagt ihr. Ich gehe davon aus, dass ihr das „Nichts" nicht umsonst groß geschrieben habt.

*Die Fichten:*

*Genau. Wir verweisen hier auf unsere früheren Aussagen zurück, als wir von dem Göttlichen Nichts, der Göttlichen Leere und Formlosigkeit, dem Göttlichen Unerschaffenen gesprochen haben. „Wissen ist Nichts" bedeutet auf dieser – der höchsten und tiefsten – Ebene, dass **im Nichts alles Wissen IST**.*

Ines:

Oh, grandios! Ich würde sagen, dass es dort sozusagen *ruht*, also ebenso unmanifestiert ist wie alles andere. Dieses unmanifestierte Wissen braucht die *Erfahrung*, um sich selbst zu er-kennen. Daher ist das Göttliche so schöpferisch.

*Die Fichten:*
*Wow, wunderbar! Du sagst es. Sehr schön, dann zitieren wir nun das 18. Gesetz, das wir schon erwähnt haben:*

### Folge dem Atem

*Diesen Satz gab dir deine eigene Seele schon vor dreißig Jahren, zu Beginn deines langwierigen und zeitweise sehr schwierigen Erwachensprozesses. Es ist ein wunderbarer Satz, der eine gewaltige Tiefe besitzt. „Der Geist weht, wo er will" sagt ein Kirchenlied. Die alten Religionen sprechen durchaus manchmal schöne Wahrheiten aus. Der Atem, der Wind, der Geist... Spürt einfach einmal hinein... In der biblischen Schöpfungsgeschichte haucht Gott dem Menschen, den er zuvor aus Lehm geformt hat, seinen Atem ein und er wird lebendig. Ohne den Atem kein Leben. Bedenkt einmal: Ihr Menschen könnt mehrere Wochen ohne Essen auskommen, nur Ta-*

ge oder Stunden ohne Wasser, aber nicht mehr als wenige Minuten ohne euren Atem! Und es ist eine Tatsache: Mit eurem Atem nehmt ihr nicht nur den für euren physischen Körper lebensnotwendigen Sauerstoff auf, ihr nehmt auch alle höheren Lebensenergien auf. Ihr könnt sogar die Liebe eurer Seele, die Liebe Gottes, eure innere Fülle, was immer ihr euch wünscht, einfach einatmen, dann kommt es zu euch.

Ines:
Hieraus wird nun sehr klar, welch ein einfaches und hoch wirksames Instrument der Weiche Atem ist, von dem ihr wiederholt spracht. Er wird auch schon seit einiger Zeit von einer ganzen Reihe von erwachenden Menschen praktiziert und gelehrt.

Die Fichten:
So ist es. Die Methode des Weichen Atmens ist aber, ebenso wie der Atem der Stärke, den wir auch erwähnten, keine menschliche Erfindung. Eure Meisterinnen und Meister, die verschiedene Formen des Atmens lehren, haben diese Methoden bei uns Bäumen gelernt, auch wenn ihnen das nicht bewusst sein mag.

Ines:
Ihr sagtet dies schon mit Bezug auf den Atem der Stärke. Ist es also ein „Baum-Weg", dem Atem zu folgen?

Die Fichten (lächelnd):
Das nun wieder nicht. Auf der Erde wurde dieser Weg zuerst von uns Bäumen entdeckt, denn schließlich gibt es uns schon

*viel länger als euch Menschen. Wir haben diesen Weg aber keinesfalls für uns reserviert oder patentiert, ha, ha, ha. Wir haben ihn sehr gerne an ALLE Wesen auf der Erde weitergegeben, die daran teilhaben möchten. Wobei eure menschlichen Meister ihn ziemlich spät entdeckt haben, besonders was das Weiche Atmen und den Atem der Stärke betrifft.*

Ines:

Ja… Nun wüsste ich gerne, was „Folge dem Atem" außerdem noch bedeutet, abgesehen von der Aufforderung an uns, regelmäßig bewusst zu atmen.

*Die Fichten:*

*Sehr gute Frage. Die Antwort könnte sehr ausufernd sein, aber wir fassen uns kurz: „Folge dem Atem" bedeutet **„Folge dem Göttlichen Geist In Dir!"** Und das wiederum können wir konkretisieren, indem wir sagen: „Folge Dir Selbst, gehe deinen Eigenen Weg, bringe auf die Erde, was nur DU auf die Erde bringen kannst, deinen ganz persönlichen Beitrag, deine ganz persönlichen Potenziale."*

Ines:

Wunderbar, vielen Dank! Dann schreibe ich jetzt das 19. Gesetz auf:

### Der Zufall ist Synchronizität

Meine Seele gab mir vor dreißig Jahren einen ähnlichen Satz. Er lautete: „Der Zufall ist Notwendigkeit." Hängen diese beiden Formulierungen innerlich zusammen?

*Die Fichten:*

*Ja. Damals, im Jahre 1982, kanntest du den Begriff der Syn-chronizität noch nicht, der von Carl Gustav Jung in dieser Form eingebracht wurde. Daher übersetztest du den Impuls deiner Seele mit „Notwendigkeit". Nun, der griechische Aus-druck „synchron" bedeutet „gleichzeitig", wie manche von euch vielleicht wissen. Unter „Synchronizität" verstehen wir Bäume die Tatsache, dass mehrere Ereignisse aus einer ihnen innewohnenden, gemeinsamen Notwendigkeit heraus zeitlich zusammentreffen. Die Dinge „fallen dir zu". Das alte Be-wusstsein leugnet diese Tatsache. Es behauptet, der Zufall sei blind und willkürlich und er habe nichts mit dir zu tun. Nichts ist unzutreffender als diese Auffassung! Jeder sogenannte Zufall ist in Wirklichkeit ein Zu-Fall, jeder sogenannte Zufall hat ganz essenziell mit dir zu tun. Schauen wir uns einmal ein paar Beispiele an, damit diese Behauptung verdeutlicht wird, und nehmen wir zunächst zwei „Negativ"-Ereignisse, nämlich sogenannte Unfälle:*

*Beispiel 1: Bei einem Gewitter werden drei Frauen vom Blitz getroffen, zwei sterben, eine überlebt. So geschehen vor eini-gen Wochen auf einem Golfplatz. „Blinder Zufall"? Oh nein. Die Seelen der beiden Frauen, die gegangen sind, wollten ge-hen – aus welchen inneren Gründen auch immer. Vielleicht, weil die betreffenden Menschen sich unbewusst gegen die Neue Zeit sträubten und nicht mehr mit dabei sein wollten, vielleicht, weil diese Seelen den Prozess des Erden- und Menschheits-Aufstiegs von der Geistigen Welt her begleiten wollten... Die Seele der Frau aber, die am Leben blieb, wollte nicht gehen, und darum blieb sie! Die Synchronizität besteht hier darin, dass der Blitzeinschlag genau zu dem Zeitpunkt eintrat, als diese zwei anderen Seelen bereit waren, die Erde zu verlassen.*

*Beispiel 2: Ein Verkehrsunfall. Verläuft er für einen oder mehrere Beteiligte tödlich, so trifft genau das zu, was wir bezüglich des Blitzeinschlags ausgesagt haben: Die betreffende Seele wollte aus ihrer Inkarnation ausscheiden. Hat man aber „Glück" und nur das Auto ist völlig zertrümmert, dem Menschen aber ist „wie durch ein Wunder" nichts passiert, dann handelt es sich mit großer Wahrscheinlichkeit um einen Weckruf der Seele: „Achtung, Mensch, du bewegst dich auf Pfaden, die nicht gut für dich sind – besinne dich auf Dich Selbst!"*

*Und nun zu den Zu-Fällen oder Synchronizitäten, die „passieren", wenn ein Mensch sich bewusst und konsequent auf seinem Wege des Erwachens befindet:*

*Sehr befördernd für solche Synchronizitäten ist die regelmäßige Praxis des Weichen Atmens und des Atems der Stärke! Dann „passieren" nämlich mit der Zeit immer häufiger die Dinge, die du dir wirklich wünschst – deine Herzenswünsche realisieren sich! Bleiben wir beim Beispiel der „erfolglosen" Autorin: Sie wird, wenn sie das wirklich möchte, einen guten Verlag finden, oder ihr Buch/ihre Bücher werden auf allen möglichen anderen Wegen zu den Menschen finden. Immer mehr Personen werden zu ihrer Webseite geführt werden, immer mehr Personen werden über sie und ihre Arbeiten sprechen, sie wird neue Menschen kennen lernen, die sie vielleicht zu einer Lesung einladen... Ihr könnt das nicht glauben? Dann steht euch ganz einfach noch euer Verstand im Wege, im Verbund mit eurem Kleingeist, der an den „blinden Zufall" glaubt. Aberglaube!*

Ines:
Ich muss zugeben, dass auch ich noch ein Stückchen in solchem Aberglauben befangen bin. Kann es wirklich so einfach sein? Dass wir synchrone Ereignisse, die uns helfen, durch die Praxis des Atmens in unser Leben ziehen können?

*Die Fichten:*
*Das behaupten wir. Ihr müsst es selbst ausprobieren, und das Einzige, was dazu erforderlich ist, ist konsequentes Üben, Üben und nochmals Üben des Weichen Atmens. Das ist wirklich alles!*
Ja, damit begeben wir uns zum 20. Gesetz:

## Du erbst das Reich

Ines:
Aha – jeder von uns ist also eine Art potenzieller König oder Königin? Wie versteht ihr das?

*Die Fichten:*
*Jedes Wesen im Universum, also auch jeder Mensch, ist ein Königskind – wenn ihr GOTT einmal personifizieren und als König/in auffassen wollt, wie das manche alten Religionen ja auch tun. „Du erbst das Reich" ist eine Tatsachenfeststellung:* **Du kannst gar nicht anders, als dein Königreich zu erben, denn es steht dir zu.** *Es ist nur eine Frage der „Zeit", wann du so weit bist, dass du es übernimmst. Und das hängt ganz allein von DIR ab, es ist deine eigene Entscheidung, es geht um deine eigene Selbst-Ermächtigung.*

Ines:
Niemand anderer im Universum, auch nicht in der Menschenwelt, hat also das Recht mir mein Reich sozusagen zuzuteilen, mich zu „krönen"?


*Die Fichten:*
*In der Tat, niemand.* **Du setzt dir deine spirituelle Königskrone selbst aufs Haupt.** *Und das tust du genau in dem Augenblick, wo du bereit bist, deine volle Freiheit als Kind des Göttlichen, deine volle Verantwortung für dich selbst, anzunehmen und zu übernehmen. Von diesem Moment an bist du eine erwachte Meisterin, ein erwachter Meister und somit König/in in deinem eigenen Reich. Das bedeutet natürlich nicht, dass du von nun an Macht über andere ausüben wirst, ganz im Gegenteil. Machtspiele aller Art gehören zum alten Bewusstsein und zur alten Welt, die derzeit im Zusammenbruch begriffen ist, ob die alten Machthaber dies nun wahrhaben wollen oder nicht. Selbstermächtigte König/in zu sein bedeutet, dass du dein eigenes Leben zu hundert Prozent in deine eigenen Hände nimmst. Du stehst zu hundert Prozent in deiner eigenen Kraft und Bist Du Selbst. Du BIST. Und wenn du handelst, dann handelst du aus diesem SEIN heraus. Wenn andere dich in deinem König/in Sein anzugreifen versuchen, BIST du einfach präsent und bleibst weiterhin was du BIST. In diesem Sinne sagte Yeshua zu Pilatus: „Ja, ich bin ein König." Er sagte nicht etwa: „Ja, ich bin der König der Juden", oder „Ja, ich bin der einzige Sohn Gottes auf Erden." Er sagte: „Ich bin* **ein** *König." So wie er ist jeder ein König, der sein eigenes göttliches Königtum wirklich annimmt.*

Ines:
Ich wünsche mir, dass viele, viele Menschen dies sehr bald tun werden. Und ich möchte es auch selber tun.

*Die Fichten:*
*Nur zu! Wir warten sehnsüchtig darauf!*
*Bist du nun bereit, das 21. Gesetz zu besprechen? Es lautet:*

## Jeder ist Mitschöpfer

Ines: Ja, das ist ebenfalls ein sehr wichtiger Satz und das Mitschöpfer-Sein hängt innerlich sehr eng mit unserem spirituellen Königtum zusammen. Nur eine echte König/in kann bewusste Mitschöpferin sein, das heißt, bewusst wählen, was sie in ihrem Leben an Erfahrungen machen will.

*Die Fichten:*
*Sehr wohl. Du nimmst uns das Wort aus dem Mund. Aber wir können noch einiges mehr zu diesem Gesetz sagen. Beschränken wir uns dabei wieder auf euch Menschen und bleiben wir beim bewussten Erschaffen, das die meisten von euch noch zu erlernen haben. Wir möchten hier nochmals auf die wichtige Methode hinweisen, die das Weiche Atmen darstellt, und ganz besonders das Weiche Atmen im Rahmen unserer Übung. Wir meinen, dass das Atmen ganz besonders effektiv ist, wenn ihr es mit dem Wurzeln schlagen einerseits und der Expandierung eurer Aura andererseits kombiniert. Auf diese Weise seid ihr nämlich sowohl mit Mutter Erde als auch mit dem Universum verbunden.*

*Des Weiteren möchten wir euch auf das „Mit" besonders auf-*
*merksam machen. Die Schöpfung ist ein gemeinsamer Akt der*
*Göttlichen QUELLE und ALLER Wesen im Universum! Es*
*gibt keinen alleinigen, einzigen Schöpfer. Diese Aussage*
*schiebt jeglichem Hochmut, jeglicher Überheblichkeit des Ein-*
*zelnen einen Riegel vor. Niemand ist als Mitschöpfer mehr*
*wert als andere, und niemand weniger. Vielleicht „leistet"*
*oder manifestiert der eine „weniger" als der andere, aber Tat-*
*sache ist, dass in diesem Universum ein jedes Wesen jederzeit*
*sein Bestes gibt – in welcher Hinsicht auch immer.*

Ines:

Ja... wie eine deutsche Redensart sagt: „Man tut, was man
kann." Das aber im Ernst – ich bin wie ihr der Überzeugung,
dass auch jeder *Mensch* genau das ist und tut, was ihm im aktuellen Leben möglich ist.

*Die Fichten:*
*So ist es. Deshalb verurteilen wir auch niemanden und ihr Er-*
*wachenden übt euch ja ebenfalls im Nichturteilen. Wir*
*möchten aber noch einen weiteren Aspekt eures Mitschöpfer-*
*Seins einbringen: Ihr erschafft nicht nur eure Lebensumstän-*
*de, eure Erfahrungen, sondern ihr erschafft in allererster Linie*
*EUCH SELBST immer wieder neu!*

Ines:

Oh ja, wie richtig! Passt in diesem Zusammenhang eigentlich
der Satz, den mir meine Seele 1982 gegeben hat: **„Das Geheimnis von allem ist der Wandel der Seelen"**?

*Die Fichten:*
*Eine wundervolle Aussage und ja, sie passt sogar sehr gut. Denn es ist der innere Wandel, die innere Wandlung, die euch immer wieder zu einem neuen Menschen werden lässt. Was ihr seid, das seid ihr ja eben gerade als Seelenwesen im Körperkleide.*

Ines:

Sehr schön! Ich möchte diesen Kommentar mit einer eigenen Feststellung abschließen: Wir Menschen, wenn wir uns selbst und unser Leben neu erschaffen, werden selber zu einem Kunstwerk, erschaffen von dem Künstler, der wir selbst sind.

*Die Fichten:*
*Gut gesprochen. Dann schauen wir uns jetzt das 22. Gesetz an:*

### Du bist geboren um zu leben

Ines:
Es passt zwar vielleicht nicht hier hinein, aber ich muss an dieser Stelle den alten Rock-Titel „Born to be Wild" zitieren…

*Die Fichten (lachend):*
*So unpassend ist das gar nicht mal. Das Leben, das wir meinen, ist nämlich durchaus ein „wildes", will heißen, ein „ungezähmtes" Leben. „Leben" in diesem Sinne bedeutet **in vollkommener Freiheit leben**.*

Ines:

Du liebe Güte, ja, mich kommt die Ahnung an, dass ihr hierunter nicht so ein bisschen politische Freiheit oder Bürgerfreiheit versteht, sondern etwas sehr Extremes, das den meisten von uns wahrscheinlich immer noch eine Riesenangst verursacht.

*Die Fichten:*
*Stimmt! Die Freiheit der Kinder Gottes IST etwas sehr Extremes. DAS LEBEN ist etwas sehr Extremes und „Wildes". In gewisser Hinsicht auch etwas ziemlich Lebensgefährliches, ha, ha, ha. Denk nur an die Bäume, die im letzten Sturm umgekommen sind. Aber: Den Tod im Sinne einer endgültigen Vernichtung gibt es ja überhaupt nicht, darüber haben wir schon gesprochen. Darum ist die tiefere Bedeutung unseres Satzes „Du bist geboren um zu leben" natürlich auch diese:* **Dein Erbe ist Unsterblichkeit.** *Nicht unbedingt in dem Sinne, dass ihr auf immer in eurem aktuellen physischen Körper bleiben werdet, obwohl dies in der Neuen Zeit für manche ebenfalls eine Option sein kann. Es gibt Meisterinnen und Meister, die sich auf solchen Wegen üben. Was wir Bäume meinen, ist aber eher, dass das Leben zwar öfter mal seine Form wechseln kann, in seiner Essenz aber unsterblich ist. Hast du hierzu noch eine Frage?*

Ines:
Hm… Wenn wir nun erheblich länger in unserer Verkörperung bleiben wollen als dies bisher üblich ist, und das in guter Gesundheit und Frische unseres Körpers – was können wir dazu tun?

*Die Bäume (lachend):*
*Überhaupt nichts. Ihr braucht dafür nichts zu TUN. Ihr*
*braucht einfach zu SEIN WAS IHR SEID und dann schaun wir*
*mal... (lachen wieder)*

Ines:
Na, dann... Dann gehen wir jetzt zum 23. Gesetz über. Es
lautet.

## Du bist zur Freude geboren

Das gefällt mir ganz besonders gut! Und ich bekomme allmählich auch einen Vorgeschmack darauf! Ich möchte euch
jetzt gerne erzählen, woran ich seit gestern solche Freude habe: Da habe ich nämlich eine Übung entdeckt, wie ich für
mich selbst Fülle erschaffen kann, die auch von Außen zu mir
kommt. Der Anlass war euer Vorschlag, wir könnten im eigenen inneren Ozean der Fülle baden. So habe ich jedenfalls eure
Aussage von neulich verstanden. Ich habe dann gestern meine
Wurzeln wachsen lassen, meiner Aura erlaubt sich
auszudehnen, und anschließend konnte ich diesen inneren
Ozean der Fülle sehr intensiv spüren, was ein großartiges
Wohlgefühl mit sich brachte. Diese Fülle ließ ich durch meinen Körper fließen, weiter sehr angenehm. Und dann stellte
ich mir vor, wie meine Fülle durch meine Buch-Schöpfungen
fließt, durch und mit diesen Buch-Schöpfungen zu den Menschen, und von den so beschenkten Menschen ging und geht
der Fülle-Fluss zu mir zurück. Diese Übung habe ich auch
heute schon mehrmals durchgeführt und vorhin habe ich den
Fülle-Fluss sogar getanzt, das war besonders schön.

*Die Fichten:*
*Wir freuen uns riesig über deinen Bericht! Ja, ihr alle seid wirklich zur Freude geboren und nicht zum Leiden, zum Opfersein, zur Ohnmacht und zum Frust. Zur Freude seid ihr auf der Erde! Diese Freude könnt ihr dann vollständig und in vollen Zügen genießen, wenn ihr Erwachte seid, freie Königinnen und Könige in eurem eigenen Reich, in eurem eigenen, selbst gestalteten Leben. Nur Mut, es sind noch wenige Schritte zu gehen, selbst für diejenigen, die vielleicht jetzt erst beginnen, sich auf den Weg zu machen: Das Neue Bewusstseinsfeld ist schon da und es verstärkt sich mit jedem Tag mehr. Das bedeutet, dass es für jeden Einzelnen von euch täglich leichter wird, sich in dieses Bewusstseinsfeld hinein zu bewegen und dort auch zu verbleiben, beziehungsweise schnell dorthin zurückzukehren, wenn ihr einmal herausgefallen seid.*

Ines:
Das ist eine gute Nachricht, eine echte „Frohbotschaft"! Vielen Dank! Die Schwingung der Freude ist die Schwingung des Erfolgs auf allen Ebenen unseres Lebens. Lassen wir die Schwingung der Angst hinter uns, die die Schwingung der Ohnmacht, des Misserfolges, der Frustration ist! Ich für meinen Teil wähle JETZT die Freude.

*Die Fichten:*
*Wir gratulieren! Du hast die einzig richtige Wahl für dich selbst getroffen. Und damit kommen wir zu unserem 24. und letzten Gesetz:*

## Alle sind EINS

*Vielleicht möchtet ihr wissen, warum eigentlich diese Aussage am Schluss steht und damit auch am Schluss dieses Buches. Dafür gibt es viele Gründe, wir wollen euch einige davon nennen.*

*Zum einen: Es war in diesen Seiten sehr häufig die Rede vom einzelnen Menschen und seinem Weg. Entscheidend für das Ganze ist auch, dass jeder Einzelne seinen individuellen Weg geht – niemand kann ihn stellvertretend für dich gehen, auch ein Yeshua tat dies übrigens nicht. Bekanntlich aber bist du nicht allein im Universum. Es sind zahllose andere Wesen mit dir zusammen hier. Und du bist als Mensch nicht allein auf der Erde. Es sind einige Milliarden andere mit dir zusammen hier. Diese Milliarden Menschen auf der Erde, diese zahllosen Wesen im Kosmos, sie sind ALLE EINS, denn es gibt kein einziges Wesen, das nicht in der QUELLE seinen Ursprung hätte.*

*Des Weiteren: Sprechen wir von der Menschheit. Ihr seid alle zusammen EIN WESEN MENSCHHEIT, so wie zum Beispiel auch alle Bäume zusammen Ein Wesen Baum sind. Das Wesen Menschheit besteht, so wie der Körper eines Individuums, aus zahlreichen Zellen. Jeder Mensch ist eine solche Zelle, ganz einfach. Und wenn ihr an euren Körper denkt, dann wisst ihr, dass es keine einzige Zelle gibt, die weniger wichtig wäre als irgendeine andere. Jede Zelle hat dabei ihre Einzigartigkeit, ihre eigene Funktion, ihre eigene Bestimmung. So wie Ihr als menschliches Individuum auch. Du hast also die ganze Verantwortung für Dich Selbst, aber du trägst auch deinen Teil der Verantwortung für das Eine Wesen Menschheit. Hierauf möchten wir dich am Ende unserer Ausführungen ganz besonders aufmerksam machen. Du brauchst nicht „allein die ganze Welt aus den Angeln heben"; was aber deine Aufgabe ist:* **Lebe deine eigene Bestimmung. Übe deine eigene ganz einzigartige Funktion aus. Nicht mehr, aber auch nicht weniger!**

*Schließlich: Der entscheidende Schritt, den jeder einzelne Mensch jetzt zu tun hat, und den die Menschheit als Ganzes ebenfalls zu tun hat, ist die* **Rückkehr ins Einheitsbewusstsein***, das von manchen auch „Christusbewusstsein" genannt wird. Über Jahrtausende habt ihr euch getrennt gefühlt und wie Getrennte verhalten: Ihr wähntet euch getrennt vor allen Dingen von der Göttlichen QUELLE, die ihr nach Draußen und Weit Fort projiziert habt – manche modernen Menschen leugnen sogar ihre Existenz. Ihr wähntet euch getrennt vom Rest der Schöpfung, trenntet euch als „Subjekt" vom Rest der Welt, dem „Objekt". Ihr wähntet euch getrennt auch von allen euren Mitmenschen, wobei ihr euch auf der anderen Seite vollständig von deren „Urteil" abhängig machtet. Das Neue Einheitsbewusstsein, es mag euch auf den ersten Blick paradox erscheinen, ist die Grundlage für euer Neues Leben als Freies Individuum!*

Ines:

Wok, ja, es erscheint paradox, aber es ist wahr. Es geht ja um *bewusste* Einheit, und die kann es nur auf der Basis von bewusstem Allein Stehen geben. Nur dann sind wir ALL-EIN.

*Die Fichten:*

*Schön, damit hast du schon das Schlusswort gesprochen. Wir danken dir sehr, liebe Ines, dass du uns Bäumen die Möglichkeit gegeben hast, uns in diesem Rahmen so ausführlich zu äußern.*

Ines:
Ich danke *euch* für diesen Ausdruck eurer Weisheit. Das Gespräch mit euch war und ist sehr, sehr bereichernd für mich selbst und es wird mit Sicherheit zu zahlreichen Menschen finden, die ebenfalls davon profitieren werden. Vielleicht sprechen wir uns ja demnächst wieder...[7]

---

[7] In der Tat gab es eine Fortsetzung – eigentlich sogar zwei. Beide Bücher sind im Ch.Falk-Verlag erschienen: „Das Heilwissen der Bäume und die Botschaft vom Wind" (ISBN 978-3-89568-258-2) kam im Frühjahr 2014 heraus. „Der physische Aufstieg des Menschen" (ISBN 978-3-89568-266-7), zusammen mit Jesus Sananda, ein Jahr später, im Frühjahr 2015.

# Die Autorin

Ines Nandi, Jahrgang 1949, schreibt seit ihrer Kindheit. Zur Veröffentlichung ihrer Bücher kam es erst in späteren Jahren, im Verlaufe eines herausfordernden spirituellen Erwachens-Prozesses. Im Jahre 2012 erhielt sie erstmals Botschaften von den Baumwesen. Hierbei standen Themen des Erwachens und der herauf dämmernden Neuen Zeit im Mittelpunkt. Weitere Bücher hatten das Heilwissen der Bäume zum Thema sowie, zusammen mit Jesus Sananda, den so genannten Physischen Aufstieg der Menschheit. Ebenfalls mit Jesus Sananda zusammen verfasste Ines Nandi ein kleines Werk über die Christusenergie.

## Wichtige Veröffentlichungen:

Die Jungfrau, die heiraten wollte (autobiografische Notizen), BoD, 2011
Wenn Bäume sprechen könnten, Pax et Bonum, 2013
Das Heilwissen der Bäume und die Botschaft vom Wind, Ch.Falk-Verlag, 2014
Die Christusenergie, Einweihungen und Praxis, Ch.Falk-Verlag, 2015
Der physische Aufstieg des Menschen, Ch.Falk-Verlag, 2015

*Website: http://www.autorin-ines-nandi.de*